地方性法规清理研究

丁 宾　吕心语　著

东南大学出版社
SOUTHEAST UNIVERSITY PRESS
·南京·

图书在版编目(CIP)数据

地方性法规清理研究 / 丁宾，吕心语著. —— 南京：东南大学出版社，2021.8

ISBN 978 - 7 - 5641 - 9634 - 9

Ⅰ.①地… Ⅱ.①丁… ②吕… Ⅲ.①地方法规-研究-中国 Ⅳ.①D927

中国版本图书馆 CIP 数据核字(2021)第 163759 号

地方性法规清理研究　Difangxing Fagui Qingli Yanjiu

著　　　者	丁　宾　吕心语
责任编辑	姜晓乐　陈　淑
出版发行	东南大学出版社
出 版 人	江建中
社　　　址	南京市四牌楼 2 号(邮编：210096)
网　　　址	http://www.seupress.com
电子邮箱	press@seupress.com
印　　　刷	江苏凤凰数码印务有限公司
开　　　本	700 mm×1000 mm　1/16
印　　　张	10
字　　　数	145 千字
版 印 次	2021 年 8 月第 1 版　2021 年 8 月第 1 次印刷
书　　　号	ISBN 978 - 7 - 5641 - 9634 - 9
定　　　价	49.00 元
经　　　销	全国各地新华书店
发行热线	025 - 83790519　83791830

(本社图书若有印装质量问题，请直接与营销部联系，电话：025 - 83791830)

代 序

制度关系系统中的"地方性法规清理"及其意义期待

毫无疑问，法是一种自然生成的、植根于民族心理结构中的人类理性的正当要求。但从最基本的意义上说，法就是一种规则，并表现为不同的实定法形式。其中，如果我们将"法"视为一种地方知识，那么最具典型意义的就是地方性法规，而地方性法规清理乃是立法效益内部化控制的有效手段。

人类需要通过立法建立制度而确立社会生活的交往规则、市场生活的交易规则，各种不同的制度通过长久的磨合形成具有逻辑联系的制度关系系统。因此，我们需要将"地方性法规清理"放在整个制度关系系统中加以审视，这在带来结构性改变的改革开放以后的中国显得尤为重要。改革开放之初，我们将立法视为一种单一的法律制度产生过程。其后，法学界和实务界将其扩大为"废改立释"。但现在来看，这一概念仍然显得较为狭小，业已无法涵盖全部的立法活动或立法技术。因此，有必要结合我国的立法实践与理性要求，将其进一步扩大为"废改立释审清编调"的完整过程。其中，"废改立释"已经成为一种通识，在此无须赘述，现仅就"审清编调"略作叙述。

"审"是指"审查"。《立法法》肯定了"审查"的法律地位，但其规定的制度形态实际上有两种：第一种是在第五章"适用与备案审查"中建立的审查制度,其中明确规定了被动审查和主动审查、反馈和公开、其他接受备案机关对审查程序的自主规定权等。第二种是将审查制度分散规定在不同立法的特别程序中,如关于行政法规草案审查、地方性法规的审查等。换言之,《立法法》乃以一般规定和特别规定的方式勾勒了我国立法审查制度的大致框架。其制度设计虽非全面,但至少能够应对立法之需。

"清"是指"清理"。2015年修订的《立法法》没有规定"清理",这不能不说是一种缺憾,因为作为立法活动的一种,"清理"在此前后一直存在。前者如1987年,全国人大常委会曾批准全国人大法工委提交的一份法律清理报告,并据此废止了1978年底以前颁布的111件法律;2004年,《行政许可法》明确规定:"本法施行前有关行政许可的规定,制定机关应当依照本法规定予以清理;不符合本法规定的,自本法施行之日起停止执行。"全国人大常委会据此修改了《公司法》等9件法律。后者如2018年,全国人大常委会通过《关于全面加强生态环境保护 依法推动打好污染防治攻坚战的决议》,明确提出"抓紧开展生态环境保护法规、规章、司法解释和规范性文件的全面清理工作,对不符合不衔接不适应法律规定、中央精神、时代要求的,及时进行废止或修改"。因此,作为一种立法活动,"清理"的法律依据更多地存在于特别法和地方立法中,这从一个方面证明了研究"地方性法规清理"的重要性。

"编"是指"编纂"。"编纂"并不见于《立法法》,但《民法典》首次采用了这一立法技术,因而该法典是将"不搞批发搞零售"指导思想下出台的具体立法,如《婚姻法》《继承法》《民法通则》《收养法》《担保法》《合同法》《物权法》《侵权责任法》《民法总则》等,通过审查、整理、补充、修改等立法技术而重新进行的规范性法律文件的系统化结果。可以预见,为了满足日益增长的心理需要与愿景期待,我国会迎来一个"法典化"的时代,行政法、环境法、财政法、教育法、金融法、文化法、社会法、科学法、卫生法、劳动法、体育法、商法、能源法等既有体量,又有需要,势必是一些需要重点关注的法典化领域。需要特别指出的是,由于我国实行宪法间接保障主义,因而需要依据宪法制定"紧急状态法"。当然,笔者认为,更为理想的立法模式是实现紧急状态立法"从法律化到法典化"的跨越,即将"紧急状态法"的制定视为一个"法典化"过程,将《突发事件应对法》《戒严法》以及其他应急立法中含有紧急状态要素的立法规定纳入其结构体系化和功能体系化之中予以综合考量。

"调"是指"调整"。2015年《立法法》修改时,增加规定了"全国人民代表大会及其常务委员会可以根据改革发展的需要,决定就行政管理等领域的特定事项授权在一定期限内在部分地方暂时调整或者暂时停止适用法律的部分规定"。其实,2013年《全国人大常委会关于授权国务院在中国(上海)自由贸易试验区暂时调整有关法律规定的行政审批的决定》就明确规定了"暂时调整"措施,并规定"上述行政审批的调整在三年内试行,对实践证明可行的,应当修改完善有关法律;对实践证明不宜调整的,恢复施行有关法律规定"。但该规定所谓的"调整"包括"停止",在《授权国务院在中国(上海)自由贸易试验区暂时调整有关法律规定的行政审批目录》中,其处理也是"暂时停止实施该项行政审批,改为备案管理"。因此,《立法法》对"调整"的增加规定虽然只是对实践的事后承认,但也使得"调整"成为一种新的立法活动。

需要注意的是,"废改立释审清编调"并非单一的或平行的关系,其逻辑关系可从三个维度加以观察:一是"立"仍然是最为基础的立法技术,这也是法的产生被命名为"立法"的主要原因;二是"废改立释审清"与"编调"是一般与特殊的逻辑关系,且"编调"在目前情况下仍为专属于中央的立法权限与立法技术;三是立法乃各种立法技术综合作用的结果,虽然各自的作用有所差别。

"清理"往往是其他立法活动的基础性工作,地方性法规清理则更具特殊的地位和作用,因而无论在理论层面还是在现实层面,都应对其抱有特殊的意义期待。第一,确保地方性法规的立法质量。相对于中央层次立法,地方性法规在整体立法质量方面存在的问题更多。在2015年《立法法》赋予设区的市以立法权后,地方性法规的立法冲动得到强烈放大和刺激,这使得其中的问题表现得更为突出。例如,各地现多热衷于制定"文明行为"的地方性法规,其内容看似全面,实质大多属于道德泛化与重复立法,且对所在区域的公民行为影响甚巨。对于这种"无害立法"尤其需要及时清理。因此,地方性法规清理实际上面临着两大方向:一是本体性清理。在那些早就拥有地方性法规立法权的地方(如省级以及较大的市的人大及其常委会),该项清理的任务尤为明显。二是协同性清理,包括地方性法规与上位法、地方性法规与本行政区域内的地方政府规章、地方性法规与规范性文件相互之间法律关系的清理。第二,建立健全地方性法规清理的制度形态。目前,该制度尚处于缺失或不健全状态,如《岳阳市人民代表大会及其常务委员会制定地方性法规条例》(2020年)、《青岛市制定地方性法规条例》(2001年)没有规定"清理";在那些规定了"清理"的现行有效的地方性法规中,其内容也极不统一。试以五部地方性法规举例说明之:

地方性法规	清理主体	清理标准	清理方法	清理建议
《赤峰市人民代表大会及其常务委员会立法条例》(2016年)	市人民代表大会及其常务委员会	与法律、行政法规和自治区地方性法规、自治条例、单行条例不一致,与现实情况不适应,或者与市人民代表大会及其常务委员会制定的相关地方性法规不协调	应当根据职责范围分别对有关地方性法规进行清理	市人民代表大会专门委员会应当及时提出修改或者废止的意见,向常务委员会主任会议报告;市人民政府、市中级人民法院、市人民检察院、旗县区人民代表大会常务委员会可以根据地方性法规实施情况,向市人民代表大会常务委员会提出关于地方性法规的修改意见或者建议

续表

地方性法规	清理主体	清理标准	清理方法	清理建议
《连云港市地方立法条例》（2018年）	实施地方性法规的市有关国家机关	上位法制定、修改或者废止	及时对地方性法规进行清理，提出是否修改或者废止地方性法规的意见和建议	专门委员会、常务委员会工作机构和市人民政府主管部门发现地方性法规内容与法律、行政法规、省地方性法规相抵触，与本市其他地方性法规不协调，或者与现实情况不适应的，应当提出修改或者废止地方性法规的意见和建议；国家机关、社会团体、企业事业组织以及公民发现地方性法规的内容与宪法、法律、行政法规和省地方性法规相抵触，或者与本市其他地方性法规不协调，或者不适应新的形势要求的，可以向市人民代表大会常务委员会提出修改和废止的意见、建议
《山东省地方立法条例》（2017年）	省人民代表大会常务委员会	全国人民代表大会常务委员会、国务院或者法律、行政法规要求进行清理的；国家制定、修改或者废止法律、行政法规后，地方性法规与上位法不一致的；地方性法规不适应经济社会发展需要的；其他需要进行清理的情形	对现行有效的地方性法规进行清理，可以采用集中修改或者废止的方式，对多件地方性法规一并提出修改案或者废止案	

续表

地方性法规	清理主体	清理标准	清理方法	清理建议
《上海市制定地方性法规条例》（2015年）	市人民代表大会各专门委员会和常务委员会各工作机构	法规的内容与法律、行政法规相抵触，与现实情况不适应，或者与相关法规不协调	采取即时清理与全面清理、专项清理相结合的方法	市人民政府及其工作部门、市高级及中级人民法院、市人民检察院及其分院，应当根据地方性法规实施情况向市人民代表大会常务委员会提出清理法规的建议
《江西省立法条例》（2016年）	省人民代表大会有关专门委员会、常务委员会工作机构和有关部门、单位	地方性法规内容与法律、行政法规相抵触的，与本省其他法规不协调的，或者与现实情况不适应的	定期清理	地方性法规施行后上位法制定、修改或者废止的，实施地方性法规的部门应当及时对地方性法规进行检查，提出是否修改或者废止地方性法规的意见和建议

就地方性法规清理的制度规范向度而言，"清理主体"应为地方"人大及其常委会"，地方人大及其常委会的专门机构、地方政府的实施机关以及公民、社会组织等仅有权提出清理意见和建议，并由常务委员会法制工作机构进行汇总，向主任会议提出清理情况的报告；"清理标准"的基本要求应为"三不"，即不一致、不适应、不协调，再辅之以"一要求一兜底"，即上级的要求与其他情形；"清理方法"既可以废止或失效也可以继续有效，既可以是单一修改也可以是集中修改。同时，地方性法规清理须同人大审查、人大代表议案与建议办理、司法审查、行政执法报告与检查、立法评估与立法后评估、落日条款等机制结合起来，以形成有效联动的清理机制。

地方性法规清理的质量最终取决于地方性法规本身的质量。一是继续解放思想。这就要求祛除"伦理立法、重刑轻民、法自君出"等传统思想的束缚和影响，在面对新形势、新问题的时候，敢于开动脑筋，在实

代 序

事求是的基础上,创新思维,找到新路,而不是回到老路。这在江苏尤为重要,因为江苏的发展领先于全国,江苏遇到的问题早于全国,江苏提出解决问题的措施尤其是立法措施也必须率先于全国。二是继续改革开放。这就需要借鉴域外经验,做到兼收并蓄,毕竟中国本土资源能够为现代意义中的地方性法规提供价值、制度与技术支撑的能力有限。没有这一条,法治的现代化就只能是一种法律发展上的浪漫主义。三是继续扩大公众参与。从本原意义上说,立法无非是民意的结构化表达,而不应仅仅是立法机关的事权。因此,提高地方性法规本身的质量,其实质在于创新公众参与立法的途径和手段,立法听证制度、专家参与制度、立法会议公开制度、草案征求意见制度、立法辩论制度、立法助理制度等都应该有实质性的进展。四是继续坚持系统思维。法治是通过立法、执法、司法、守法等正式制度方法和非正式制度方法而完成的法治文化发展的持续过程。其中,在正式制度方面,立法是法律制度的前提,其核心要求是民主立法、科学立法、依法立法;执法和司法是立法被应用于实践以实现其价值的实践过程,其核心要求是公信力,这是生成执法和司法权威的内在要素,也是衡量国家和社会是否处于法治状态的重要标志;守法则是实现法治的基础,其基本作用在于有效应对"权利不饱和与义务不足"(雅诺斯基)的双重社会压力、有效满足公民基本的权利需求、有效提升公民的自律能力与自治能力。同时,隐藏在正式制度背后的规范、惯例、习俗等非正式制度与正式制度之间具有非常重要的关联。非正式制度是正式制度的补充,两者在一定条件下也可相互转化。可见,立法以及地方性法规的制度及其清理仅仅是法治系统中的一个环节,只有将这些法治的要素结构化为一种制度,并经过反复适用,才能给人们提供明确的行为指导,并排斥一切对它的实质的甚至是形式的变动,使人们习惯于权利和义务的运作模式和整个国家的一种集体的无意识,并最终形成共同信仰的法治文化。五是最为根本的,即进行人大制度的改革和完善。

我对我所有研究生的全部期待就是好好学习、好好生活、好好工作，且抱着"知我罪我，其惟春秋"的态度。丁宾和吕心语都是我指导过的优秀研究生，《地方性法规清理研究》是他们的共同研究成果，因而应邀欣然写了几句，权作为序。

刘小冰
2021 年 5 月 5 日

目 录

绪 论 / 001
  一、研究背景及意义 / 003
  二、研究现状及评述 / 005
  三、地方性法规清理与立法监督的逻辑关系 / 009

第一章 地方性法规清理的理论基础 / 017
  第一节 地方性法规清理的概念、性质和基本原则 / 019
    一、地方性法规清理的概念 / 020
    二、地方性法规清理的性质 / 029
    三、地方性法规清理的基本原则 / 031
  第二节 地方性法规清理方式 / 035
    一、事前清理与事后清理 / 035
    二、全面清理与专项清理 / 036
    三、定期清理与不定期清理 / 038
  第三节 地方性法规清理的必要性 / 040
    一、新时代提高地方立法质量的需要 / 040
    二、地方性法规的局限性和实效性要求 / 044
    三、地方立法先行权的客观要求 / 046

第二章 地方性法规清理的缺陷及其成因 / 055
  第一节 地方性法规清理的缺陷 / 058
    一、清理启动较为随机 / 058

二、清理工作与相关制度衔接不足 / 060

　　三、清理中的公众有效参与不足 / 061

第二节　地方性法规清理缺陷的成因 / 063

　　一、定期清理机制缺失 / 063

　　二、主动清理不足 / 064

　　三、公众参与机制不健全 / 065

第三章　地方性法规清理的完善 / 067

第一节　建立定期清理的长效机制 / 069

　　一、定期清理的启动 / 070

　　二、定期清理的审查内容 / 071

　　三、定期清理的结果处理 / 074

第二节　加强地方性法规清理与相关制度的良性互动 / 077

　　一、加强地方性法规清理与执法检查的制度衔接 / 077

　　二、加强地方性法规清理与立法后评估的制度衔接 / 078

　　三、加强地方性法规清理与司法建议的制度衔接 / 081

　　四、加强地方性法规清理与区域协同立法的制度衔接 / 083

第三节　完善地方性法规清理中的公众参与 / 085

　　一、实行"开门清理" / 086

　　二、建立地方性法规清理公众参与的约束机制 / 088

　　三、建立地方性法规清理公众参与的激励机制 / 090

结　语 / 093

附　录 / 097

参考文献 / 139

绪 论

绪　论

一、研究背景及意义

习近平总书记多次强调,坚持全面依法治国,是中国特色社会主义国家制度和国家治理体系的显著优势,是夯实中国之治的制度根基。中国特色社会主义法治体系是推进全面依法治国的总抓手,必须加快形成完备的法律规范体系、高效的法治实施体系、严密的法治监督体系和有力的法治保障体系。2019年10月28日召开的党的十九届四中全会,对坚持和完善中国特色社会主义制度、推进国家治理体系和治理能力现代化作出了全面部署。地方性法规清理是实现地方治理现代化和落实中国特色社会主义法律体系的内在要求,也是高质量推动全面依法治国的必要举措。当前各地出台的地方性法规数量庞大,涉及内容包括政治、经济、科学、教育、文化、卫生、体育、生态环境保护等,调整范围涉及人们生活的方方面面,是地方解决社会各方面矛盾的主要手段。但是,随着经济社会的发展、国家政策的调整以及新的上位法出台,一些地方性法规的内容出现不一致、不适应、不协调等现象。此外,长期以来,"我国地方性法规体系建设重形式轻内容、重权力轻权利、重数量轻质量、重创制轻清理,导致立法质量不高,与人民群众追求美好生活的需要,还有较大的差距"[①]。人们对以良法求善治的呼声变得更加强烈。党的十九大报告明确提出:"中国特色社会主义进入新时代,我国社会主要矛盾已经转化为人民日益增长的美好生活需要和不平衡不充分的发展之间的矛盾。"这对地方立法工作提出了新的要求,也进一步明确了立法工作在建设社会主义法治体系过程中所肩负的重要使命。因此,开展地方性法规清理,使地方性法规更具科学性、合理性和可操作性,不仅要符合一般的立法技术规范要求,也能够切合地方经济社会发展实

---

① 刘风景.需求驱动下的地方性法规清理机制[J].内蒙古社会科学(汉文版),2018, 39(6):83-87.

际,兼具高效和可操作性。而作为一种去劣存良的手段和反向淘汰机制,地方性法规清理是能促成上述目标的一种重要途径,它对维护国家法制统一、进一步提高地方立法质量、为地方善治提供良法基础具有重要的价值和意义。

开展地方性法规清理也是服务地方经济发展的重要方面。地方立法要助推地方经济社会发展,要求地方立法机关对地方性法规制度设计的合理性、内容的针对性、条款的操作性以及具体实施效果等有较为清楚的了解;要求地方立法机关要不断地消除法规内容与地方社会发展不相适应的地方,要把对现有地方立法的完善与社会的发展变化有效统一起来。自 2000 年以来,为适应加入世贸组织、配合《行政许可法》的实施、实现"到 2010 年形成中国特色社会主义法律体系"的目标、保障《行政强制法》的有效实施以及 2020 年民法典的出台,各地组织专门人员,开展了多次大规模的地方性法规清理,那些与上位法相抵触、不一致、不适应地方经济社会发展的"问题"地方性法规被及时发现并予以修改、废止,保证了法律体系的完整以及后续立法、执法、司法活动的有效开展。但是,在肯定其取得不少成效的同时,地方性法规清理也暴露出诸多问题,如缺少常态化的定期清理、与相关制度衔接不足、清理中的公众有效参与不足等,表明地方性法规清理机制仍有待进一步的完善。因此,对其研究就显得尤为必要和重要。

在全面深化改革和建设社会主义法治国家的大背景下,如何正确认识和把握地方性法规清理的方式、基本原则、审查标准,完善地方性法规清理机制,提升地方性法规质量,是需要进行认真思考和深入探索的重要课题。本书对地方性法规清理进行了较为深入的总结、反思和整体性思考,对其内涵、性质、存在的问题及原因等进行了深入的分析和研究,这是理论方面的价值。同时,本书还具有一定的实践价值:一是针对地方性法规清理中暴露出的诸多问题结合相关事例进行了深入分析,具有很强的现实针对性;二是提出了完善地方性法规清理的路径建议,为今后地方性法规清理工作的有效运行提供了思路。

二、 研究现状及评述

地方性法规清理作为一种"问题"法规淘汰机制,在维护国家法制统一、提高地方立法质量方面意义重大。但是2015年修订的《立法法》中并没有专门条款予以明确规定,长期以来理论界对这个问题的研究也始终不够全面深入。虽然部分地方立法条例中有关于地方性法规清理的制度设定,现实中也多次开展了大小规模的清理活动,但因缺少法律层面的统一设计与规定,所以不管是理论层面还是实践层面,总体来看都不够系统规范。

国内目前缺少研究地方性法规清理的专门著述,在现有的著作中,涉及地方性法规清理的论述只是零星见于一些立法学、宪法学的专著中。例如,周旺生在《立法学》中论述了我国法规清理的概念和特征、法规清理的目的与必要性、法规清理的方法以及法规清理应遵循的原则,提出法律的系统化即是法规清理;汪全胜在《制度设计与立法公正》中对我国法规清理的内涵、方式、机制以及功能进行了简要阐述;王腊生在《地方立法技术的理论与实践》中对我国地方性法规的修改、废止和清理汇编进行了探讨,分析了地方性法规清理的主体、权限、程序和方法。

截至2021年5月11日,以"地方性法规清理"为篇名在知网共搜得相关文献共142篇,但其中报纸占了69篇,50篇"学术期刊"中的文献也多为地方人大或政府主办的期刊,内容也多以新闻报道、政策宣传的形式出现。整体来看,主要涉及以下内容:第一,功能定位。刘卓认为清理有摸底、审查和归纳总结三大功能[1];周智博认为,在国家机构改革视域下,法规清理可以以法治方式引领和保障国家机构改革,也可以在动态改革

---

[1] 刘卓.行政法规清理的功能分析——行政法规清理功能的障碍研究系列(一)[J].职工法律天地,2017(24):204.

中维护社会主义法制统一[1];刘风景指出,作为良法维护手段的地方性法规清理,既有助于实现立法与改革决策的衔接,又有助于全面推进法治中国建设,此外也回应了后体系时代的立法需求[2];王娟认为,开展法规清理是维护国家法制统一的必然要求,是服务经济社会发展的重要方面,也是推进科学立法工作的必经环节[3]。第二,运行检视。如清理标准不清晰[4];法规清理的对象设置模糊、主体设置零乱、标准设置缺位[5];苏玫霖通过对某省的考察,认为在法规清理工作中存在清理时间较为仓促、尚未建立定期循环清理机制、清理模式缺乏公众参与的问题[6];唐军以广西壮族自治区地方性法规清理为例,指出清理实践中存在科学性与民主性不足的问题,其中科学性不足包括被动式清理、运动式清理以及清理缺乏统一的标准与程序[7];李玉通过考察上海市地方性法规中行政强制内容的清理,认为存在清理时间仓促、清理工作消极被动、清理由人大主导但缺乏公众参与的问题[8];贾文彤等认为,清理中废止多修改少、供非所求、部

---

[1] 周智博.国家机构改革视域下的法规清理:性质、功能与路径展开[J].黑龙江省政法管理干部学院学报,2018(6):7-10.

[2] 刘风景.需求驱动下的地方性法规清理机制[J].内蒙古社会科学(汉文版),2018,39(6):83-87.

[3] 王娟.关于地方性法规清理的几点思考[J].上海人大月刊,2013(8):38-39.

[4] 张淞.论地方性法规清理标准的构建[J].黑龙江生态工程职业学院学报,2020,33(6):70-72,84.

[5] 周智博.国家机构改革视域下的法规清理:性质、功能与路径展开[J].黑龙江省政法管理干部学院学报,2018(6):7-10.

[6] 苏玫霖.关于地方性法规清理的若干问题探讨——以S省为考察对象[J].甘肃广播电视大学学报,2018,28(4):58-61.

[7] 唐军.地方性法规清理的科学性与民主性分析——以广西壮族自治区地方性法规清理为例[J].法制与经济,2015(9):124-129.

[8] 李玉.地方性法规清理制度的构建和完善——以上海市地方性法规中行政强制内容的清理为例[J].东南大学学报(哲学社会科学版),2013,15(S1):101-105,118.

绪 论

门清理多、集中清理和被动清理多、清理功能有待进一步挖掘[①];刘芳认为我国现行法规清理采用的不定期清理模式,缺乏统一规划,难以实现法规的有效清理,从而损害了社会公众福利水平[②]。第三,完善路径。对此,学者们提出了不少建议,如要厘清法规清理的对象、优化法规清理的主体、明晰法规清理的标准[③];要明确清理主体,立足本地实际制定相应的清理工作规范,注重程序,严格依法办理、制定监督管理的相应机制[④];要协调好上下左右的关系、内置自行清理条款、激活立法备案审查制度、对接立法计划和立法规划、完善立法后的评估制度[⑤];黄芸芸认为,要转变地方性法规清理的方式,如委托第三方清理、扩大公民参与、开展及时的单项清理和定期的全面清理[⑥];唐军认为,要建立地方性法规清理的长效机制、对地方性法规清理进行统一立法、建立相关责任追究机制、保障公众参与地方性法规的清理[⑦];赵立新指出,要把法规清理与立法后评估有效对接以发挥两者的合力,要合理设置法规清理的周期,要不断总结和积累经验,培育专业人才,在未来条件成熟可考虑成立专门的法规清理机构[⑧];王娟提出,要进一步推进法规清理工作,更全面深入地开展跟踪和

---

① 贾文彤,孙焕江,程君杰.我国体育法规清理问题研究[J].武汉体育学院学报,2011,45(2):11-16.
② 刘芳.法规清理:定期审查制度的法经济学分析[J].广东广播电视大学学报,2013,22(5):49-53.
③ 周智博.国家机构改革视域下的法规清理:性质、功能与路径展开[J].黑龙江省政法管理干部学院学报,2018(6):7-10.
④ 苏玫霖.关于地方性法规清理的若干问题探讨——以S省为考察对象[J].甘肃广播电视大学学报,2018,28(4):58-61.
⑤ 刘风景.需求驱动下的地方性法规清理机制[J].内蒙古社会科学(汉文版),2018,39(6):83-87.
⑥ 黄芸芸.地方性法规清理制度初探——以《广西壮族自治区河道采砂管理条例》为例[J].广西政法管理干部学院学报,2016,31(1):110-113.
⑦ 唐军.地方性法规清理的科学性与民主性分析——以广西壮族自治区地方性法规清理为例[J].法制与经济,2015(9):124-129.
⑧ 赵立新.关于法规清理若干问题的探讨[J].人大研究,2013(6):41.

分析研究,推动形成各方合力,针对法规清理的特点从而推动地方性法规完善①;李玉认为,要构建我国地方性法规常态化清理机制,包括启动机制的常态化、法定程序和方式的常态化、法规清理与公众参与紧密结合的制度化等②。

  以上的研究成果为本书的写作提供了可资借鉴的宝贵素材。但是,通过对文献的梳理可以发现,我国关于地方性法规清理的研究尚存在如下不足:一是缺少研究地方性法规清理的专著。二是既有的直接对地方性法规清理进行研究的学术成果数量并不丰富、多样,研究成果的分量还不足,相关研究成果更多表现为地方人大或政府期刊及新闻报道,学术论文特别是高水平期刊的研究论文数量较少,无法为地方性法规清理的开展及完善提供足够的智力支持。三是既有研究不够系统全面,研究成果的系统性和完整性还有进一步提升与充实的空间。在现有的关于地方性法规清理的文献中,学者们的研究大多是从单一视角或个别地方清理工作实践出发,欠缺研究的整体性与系统性,特别是对地方性法规清理与执法检查、立法后评估、司法建议、区域协同立法等相关制度的衔接缺乏深入研究。此外,在国家深入推进科学立法与民主立法的情况下,对地方性法规清理中公众参与的研究不足。在这种背景下,研究地方性法规清理问题,不仅是一个立法理论和法理学、宪法学的学术问题,更是一个立法实践急需解决的现实问题。而深入系统分析地方性法规清理缺陷及其成因并提出较为现实可行的完善建议,正是本书的目的。

---

① 王娟.关于地方性法规清理的几点思考[J].上海人大月刊,2013(8):38-39.
② 李玉.地方性法规清理制度的构建和完善——以上海市地方性法规中行政强制内容的清理为例[J].东南大学学报(哲学社会科学版),2013,15(S1):101-105,118.

三、地方性法规清理与立法监督的逻辑关系

"立法监督,是指享有立法监督权的主体依照法定职权和程序,对立法活动的过程和结果进行的审查、监控和处理的活动。"①立法监督作为现代立法制度体系的重要组成部分,对中国特色社会主义法律体系的形成和完善,建设社会主义法治国家具有十分积极的作用。同地方性法规清理一样,它能够有效解决立法中存在的矛盾和冲突,防止法律体系内部杂乱无序、相互矛盾,消除人们在遵守和适用法律规范时无所适从的现状,可以避免社会生活中"法律打架""用法律打架"以及"打法律架"情况的发生,使法律的权威得到进一步弘扬;此外,立法监督也有利于立法质量的提高,增强立法的科学性和民主性,促进经济社会的和谐发展。因为现实中影响法治实现的因素不仅有法的运行问题,也有立法本身的质量问题;或者反过来说,在法的运行中所出现的诸多问题,部分原因就在于立法本身,因而立法监督是必不可少的。根据《宪法》和《立法法》的规定,我国立法监督主体都是拥有立法权的国家机关,包括国家权力机关和国家行政机关,人民法院和人民检察院不是立法监督主体。具体来说,我国立法监督主体有以下几个:全国人民代表大会、全国人民代表大会常务委员会、国务院、地方的立法监督机关(包括省、自治区、直辖市人民代表大会;省、自治区、直辖市、设区的市和自治州的人民代表大会常务委员会;省、自治区人民政府)。

著名思想家亚里士多德指出,"法治应包含两重意义:已成立的法律获得普遍的服从,而大家所服从的法律又应该本身是制定得良好的法律"②。怎样保障制定的法成为良法,其中最有效的措施莫过于加强

---

① 杨临宏.立法学——原理、程序、制度与技术[M].北京:中国社会科学出版社,2020:246.
② 亚里士多德.政治学[M].吴寿彭,译.北京:商务印书馆,1983:199.

对立法的监督。孟德斯鸠在《论法的精神》中指出:"一切有权力的人们都容易滥用权力,这是万古不易的一条经验。""要防止权力滥用,就必须以权力约束权力。"①因为地方立法权也属于国家权力的一种,同样也有被腐化和滥用的可能,立法者的任性和偏执会损害社会公平正义,因而对其进行监督是非常有必要的。由于地方立法机关制定的地方性法规具有普遍约束力,对社会的影响比司法机关更大,其立法权的滥用才是真正意义上的"法律被从源头上污染",因此,对地方性法规进行监督也是地方形成良法之治的应有之义。数量庞大、内容丰富的地方性法规会对促进地方政治、经济、社会和文化的发展产生巨大影响。不言而喻,如果地方性法规的质量参差不齐,不仅会破坏国家的法制统一,也会对地方发展造成阻碍。反之,只有制定出来的地方性法规为"良法""善法",才能真正实现善治。为此,必须加强对地方立法的监督,而地方性法规清理是立法监督的重要内容,及时进行地方性法规清理,可以有效保证地方性法规的质量,从而使其能够更好地适应地方治理和发展的需要。以 2000 年《立法法》的颁行为标志,可以将对地方性法规的立法监督划分为两个阶段。

(1) 2000 年《立法法》颁布施行前。"从法律形式上看,解决法律冲突的机制还是比较完备的。问题不是法律没有规定,而是法律规定的制度没有真正建立,法律冲突调整机制没有很好运行起来。"②这是 2000 年《立法法》颁布施行前对地方性法规进行监督的主要特点,在这个时间段,避免地方性法规与上位法之间发生冲突,主要有以下两种途径。

①备案审查。备案是一种较为宽松的控制手段,也是一种事后性的监督方式,它不会影响相关法律法规的效力,只是一种文本式的监督。有学者指出:"从 1979 年地方立法开始,就进行地方性法规的备案工作。但

---

① 孟德斯鸠.论法的精神(上)[M].许明龙,译.北京:商务印书馆,1982:154.
② 蔡定剑.法律冲突及其解决的途径[J].中国法学,1999(3):49-59.

绪　论

1993年以前,全国人大常委会对备案法规只备案、不审查。1993年7月1日起,根据全国人大常委会的要求,开始对备案的地方性法规进行审查。其程序是:由办公厅秘书局将报送的法规按类别送给有关的专门委员会,由各专门委员会对备案法规进行审查。专门委员会认为有相抵触的法规,将审查意见报常委会办公厅,由办公厅秘书局向地方人大常委会转达专门委员会的审查意见。地方人大常委会如果认为全国人大专门委员会的意见对,就会纠正或停止实行相抵触的法规。如果地方人大常委会认为它们的法规不违法,就向全国人大常委会回函,阐明它们的理由,审查工作一般也就此为止。"①也就是说,起初备案与审查是相分离的,只备不审。即使在实践中有非常重要的价值,在1982年《宪法》颁布前其地位是不确定和不稳定的,从1982年到2000年,备案审查制度逐步由小到大并开始发展成熟。此外,从地方组织法的发展进程来看,其间的关系也较为繁复。具体内容可见表1。

表1　宪法、地方组织法、民族区域自治法中有关"备案审查"的制度设计变化

《宪法》	
1954年	无相关规定
1975年	无相关规定
1978年	无相关规定
1982年	第一百条规定:"省、直辖市的人民代表大会和它们的常务委员会,在不同宪法、法律、行政法规相抵触的前提下,可以制定地方性法规,报全国人民代表大会常务委员会备案。"第一百一十六条规定:"民族自治地方的人民代表大会有权依照当地民族的政治、经济和文化的特点,制定自治条例和单行条例。自治区的自治条例和单行条例,报全国人民代表大会常务委员会批准后生效。自治州、自治县的自治条例和单行条例,报省或者自治区的人民代表大会常务委员会批准后生效,并报全国人民代表大会常务委员会备案。"

① 蔡定剑.法律冲突及其解决的途径[J].中国法学,1999(3):49-59.

续表 1

\《地方各级人民代表大会和地方各级人民政府组织法》	
1979 年	在 1978 年宪法相关内容基础上,新增了省、自治区和直辖市的地方性法规制定权,同时指出地方性法规须报全国人大常委会和国务院进行备案
1982 年修改	相关内容与 1982 年宪法有差异,要求地方性法规必须同时向全国人大常委会和国务院进行备案
1986 年修改	新增地方性法规由省、自治区、直辖市的人大常委会批准,同时向全国人大常委会和国务院备案
《民族区域自治法》	
1984 年	在第十九条中有相关内容,与 1982 年宪法规定一样
2001 年修改	第十九条规定:"民族自治地方的人民代表大会有权依照当地民族的政治、经济和文化的特点,制定自治条例和单行条例。自治区的自治条例和单行条例,报全国人民代表大会常务委员会批准后生效。自治州、自治县的自治条例和单行条例报省、自治区、直辖市的人民代表大会常务委员会批准后生效,并报全国人民代表大会常务委员会和国务院备案。"新增了自治州、自治县的自治条例和单行条例报国务院备案

②批准与备案。所谓批准,是指有关立法主体所指定的法律,须报请更高级别的立法主体审查同意后,才能颁布实施的制度和活动。需要批准的法律未经批准,立法过程就没有完结,就不能颁布实施。所以相比备案,批准是一种更为严格的监督方式,属于事前监督。这个时间段关于地方性法规的批准与备案,更多体现在《地方各级人民代表大会和地方各级人民政府组织法》与《民族区域自治法》的相关条款中。《地方各级人民代表大会和地方各级人民政府组织法》规定,省级人民政府所在地的市与

绪 论

"较大的市"制定的地方性法规,须报省级人大常委会批准后施行,并由省级人大常委会报全国人大常务委员会和国务院备案。《民族区域自治法》规定,自治区人大制定的自治条例、单行条例,须报全国人大常委会批准后生效[①];自治州、自治县人大制定的自治条例和单行条例,须报省、自治区、直辖市的人大常委会批准后生效。

(2) 2000年《立法法》颁布施行后。由于对地方性法规进行立法监督的内容较为分散,缺少相对系统的规定,且这些分散的规定在法律实践中的执行情况也不佳,致使地方性法规内容与上位法相抵触的情况屡见不鲜。2000年7月1日,《立法法》正式施行(2015年进行了修正),2001年《民族区域自治法》和《法规规章备案条例》也分别作了相应修正。《立法法》颁行后,立法监督状况得到进一步改善,主要表现在以下两个方面。

① 备案审查。2004年5月,全国人大常委会将备案和审查两种制度结合起来,将过去的程序性登记变为对立法的审查监督,通过在法制工作委员会内设立法规备案审查室,专门承担对行政法规、地方性法规、司法解释的具体审查研究工作,为全国人大常委会履行备案审查职责提供服务保障[②]。备案审查制度有两项重要功能,一是保证中央令行禁止,二是保证宪法法律实施,同时对提高地方立法质量也具有重要作用。2000年颁布的《立法法》在第八十九至九十二条对备案程序作

---

① 民族自治区人民代表大会的自治条例和单行条例的制定与一般性地方性法规比较而言,有更大空间,可以变通全国性法律的规定,因此也需要受到更为严格的监督,批准也就成了全国人大常委会控制民族自治区人民代表大会自治条例和单行条例制定权的一种有效手段。
② 靳昊.一封信为何能"撬动"一部法规的修改[N].光明日报,2017-12-28(15).

了明确规定①,如新增了行政法规备案规定。此外,不但明确了地方性法规的审查启动程序,对备案机关制定相应的审查程序也提出了具体要求。"可以看出,《立法法》对备案后的审查问题作了详细的规定,但对于地方性法规、自治条例、单行条例、规章的审查问题仅作了指示性的要求。"②可以说,这是 2000 年《立法法》颁布实施后的一个重要制度亮点,"无疑也是我国备案审查制度发展史上的一个里程碑,其中关于备案审查制度的规定主要集中表现在以下几个方面:其一,以专章对现有的备案制度进行了体系化的梳理;其二,将行政法规纳入向全国人大常委会备案的范围;

---

① 2000 年《立法法》在总结我国八十、九十年代备案的立法与实践的成果之上,专章规定了备案审查的有关内容,但该法第五章仍沿用了"备案"这一称谓,但实际上备案已经包含了审查的内容。第八十九至九十二条对备案程序的相关规定内容为,"行政法规、地方性法规、自治条例和单行条例、规章应当在公布后的三十日内依照下列规定报有关机关备案:(一)行政法规报全国人民代表大会常务委员会备案;(二)省、自治区、直辖市的人民代表大会及其常务委员会制定的地方性法规,报全国人民代表大会常务委员会和国务院备案;较大的市的人民代表大会及其常务委员会制定的地方性法规,由省、自治区的人民代表大会常务委员会报全国人民代表大会常务委员会和国务院备案……;国务院、中央军事委员会、最高人民法院、最高人民检察院和各省、自治区、直辖市的人民代表大会常务委员会认为行政法规、地方性法规、自治条例和单行条例同宪法或者法律相抵触的,可以向全国人民代表大会常务委员会书面提出进行审查的要求,由常务委员会工作机构分送有关的专门委员会进行审查、提出意见。前款规定以外的其他国家机关和社会团体、企业事业组织以及公民认为行政法规、地方性法规、自治条例和单行条例同宪法或者法律相抵触的,可以向全国人民代表大会常务委员会书面提出进行审查的建议,由常务委员会工作机构进行研究,必要时,送有关的专门委员会进行审查、提出意见……;全国人民代表大会专门委员会在审查中认为行政法规、地方性法规、自治条例和单行条例同宪法或者法律相抵触的,可以向制定机关提出书面审查意见;也可以由法律委员会与有关的专门委员会召开联合审查会议,要求制定机关到会说明情况,再向制定机关提出书面审查意见……;其他接受备案的机关对报送备案的地方性法规、自治条例和单行条例、规章的审查程序,按照维护法制统一的原则,由接受备案的机关规定"。
② 钱宁峰.规范性文件备案审查制度:历史、现实和趋势[J].学海,2007(6):130 - 134.

其三,首次在立法层面上将'审查'与'备案'联系起来"①。总体上,相比以前的备案审查,2000年《立法法》有了不小的改进:第一,明确设立备案审查机构。原来全国人大常委会负责备案审查,但是我们都知道,全国人大常委会非常庞大,有大量的日常行政事务需要处理。所以,设立备案审查室既是制度发展的需要,也是为社会发展形势所迫。第二,明确提起主体,即对谁有权在地方性法规内容有违反宪法、法律等上位法时提出审查作出了明确规定,如此,对地方性法规的备案审查才具有可行性和操作性。

2001年,国务院重新修订《法规规章备案条例》,其中与地方性法规有关的内容主要体现在以下几个方面:一是扩大了备案审查的范围,新增经济特区法规、自治条例和单行条例;二是完善了备案时的相关报送要求;三是增加了对报送时的形式审查;四是对报送国务院备案的法规新增了"超越权限""违背法定程序"两个审查事项。2015年3月,全国人大对《立法法》进行了修正,在原第五章标题"适用与备案"后新增"审查"二字,正式从立法上明确法规备案后的审查,从而将过去对法规的被动审查改为现在的主动审查。相关内容在修正后的《立法法》第九十九条第三款、第一百零一条中有明确规定。主动审查被此次修法确定后,有效激活了备案审查制度,将其从处于相对"沉睡"状态的后台正式推向前台,并确立为一项长效机制,有效保障了法律体系的内部和谐。

2019年12月,第十三届全国人民代表大会常务委员会通过《法规、司法解释备案审查工作办法》,对地方性法规的审查程序、审查标准、结果处理等进一步作出明确规定,特别是在第三章第三节"审查标准"中,从"抵触""不适当"等角度出发,详细列举了违背法律规定、"存在明显不适当问题"的若干情形,同时还列举了地方性法规违背宪法、与国家重大决

---

① 陈道英.全国人大常委会法规备案审查制度研究[J].政治与法律,2012(7):108-115.

策部署不相符或与国家重大改革方向不一致等情形。虽然《法规、司法解释备案审查工作办法》中规定的审查标准对具体审查工作的开展指导性仍然有限,但应当肯定的是,在审查标准数量与内涵上的扩充,为审查地方性法规提供了更多的判断尺度,也有利于审查工作更好地适应国家改革发展大局。

②批准与备案。在批准的主体和对象上,2000年《立法法》与原《地方各级人民代表大会和地方各级人民政府组织法》基本相同,但是明确了省、自治区的人大常委会在批准较大的市的地方性法规前要进行审查,同时,对如何消除与省政府规章之间的冲突也作了明确规定。2001年2月第九届全国人大常委会通过《关于修改〈中华人民共和国民族区域自治法〉的决定》,新修订的《民族区域自治法》规定自治州、自治县的自治条例、单行条例在报全国人大常委会备案的同时也要报国务院备案。由于2015年修正后的《立法法》将"较大的市"更改为"设区的市",法条中的相关规定也就作了相应修改。

可以看出,从2000年《立法法》颁行并经2015年修正,到2019年《法规、司法解释备案审查工作办法》出台,国家对地方性法规的监督有了较为明显的进步。同时不可否认的是,实践中仍然存在一些问题,如备案审查室作用发挥的局限性、提起法规审查主体的范围过窄且要求过严、审查标准现实指导性不足以及因监督程序规定的原则性而导致运行实践中的约束性和可操作性欠缺等。为切实提升对地方性法规的监督效果,防止地方立法机关草率立法,或防止由于立法的技术和水平不高而出台对人民群众权益造成损害的法规,今后还需要从监督模式、审查基准以及监督程序等多方面加以改进。

第一章
地方性法规清理的理论基础

第一章 地方性法规清理的理论基础

"法的完整性只是永久不断地对完整性的接近而已。"[1]包括宪法在内的所有法律法规都应当要维护自身体系和内容的严密完整,必须适应经济社会的发展。地方性法规的涉及面广,与人们的生活休戚相关,因而更应当注重内在逻辑的正确与体系的完整。地方性法规清理是法律法规总体性评估机制中一种重要的方式,也是地方立法机关实现自我监督的一种有效途径,同时,地方性法规清理也是提高地方立法质量、维护法律体系统一的必然要求。

第一节 地方性法规清理的概念、性质和基本原则

地方性法规,是指法定的地方国家权力机关依照法定的权限,在不同宪法、法律和行政法规相抵触的前提下,制定和颁布的在本行政区域范围内实施的规范性文件。地方性法规是地方立法的重要形式,是国家立法体系的重要组成部分,是地方立法的龙头。而地方性法规清理是加强和改进地方立法工作、提高地方立法质量的重要举措。1983年9月22日,国务院办公厅转发了经济法规研究中心《关于对国务院系统过去颁发的法规、规章进行清理的建议》,在官方文件中首次使用"清理"一词[2]。但

---

[1] 黑格尔.法哲学原理[M].范扬,张企泰,译.北京:商务印书馆,1979:225.
[2] 刘莘.立法法[M].北京:北京大学出版社,2008:281.

是目前在《宪法》《立法法》中没有相关条款予以明确规定①,甚至没有出现"清理"二字,因此对地方性法规清理的概念、性质及基本原则进行分析,了解其与相关概念之间的区别及其本质特征,有助于我们更好地把握地方性法规清理的内涵和外延,有助于地方性法规清理活动的有效开展。

一、地方性法规清理的概念

地方性法规清理是指有权的地方立法主体在其职权范围内,根据经济社会发展的情况,依据一定的程序对一定时期和一定领域内的地方性法规进行梳理审查,确定其是否继续有效或需要加以修改、废止的活动。它是解决地方性法规与上位法、中央有关改革政策、同级地方性法规以及与地方经济社会发展之间不一致、不协调、不适应等问题的重要手段,对引领、推动和保障地方经济社会发展具有重要的作用。

众所周知,概念是人类认识事物最基本的思维形式。因此,我们对地方性法规清理进行研究,首先也是从认识地方性法规清理的概念开始。综合各地实践、相关立法及法律理论,可以从以下三个方面对地方性法规清理作进一步深入理解。

(1) 清理主体。我国《立法法》并没有明确规定地方性法规清理的主体,但是作为对现行有效地方性法规的主动审查,最终确定地方性法规是否能继续适用或是对其加以修改、废止的专门活动,地方性法规清理的主

---

① 在《宪法》《立法法》中没有专门设定有关地方性法规清理的条款,本书认为这也是导致长期以来对地方性法规清理的研究不够系统全面的其中一个原因所在。当然,虽然国家立法层面没有专门规定,不少地方立法中却有明确的有关地方性法规清理的条款,如《江苏省制定和批准地方性法规条例》第七十六条、《北京市制定地方性法规条例》第五十六条、《上海市制定地方性法规条例》第六十五条等。但是包括广东、浙江、宁夏、西藏、武汉、合肥、济南、乌鲁木齐等在内的35个省、自治区及省会市的地方立法条例均未对地方性法规清理作出明确规定。

第一章 地方性法规清理的理论基础

体必须具有特定性,不能由任意国家机关或其他社会团体进行。因为对地方性法规实施主动审查并作出相应处理,意味着清理主体具有改变甚至撤销地方性法规的权力,很明显,这一权力只有地方性法规的制定主体才有。简单而言,地方性法规具体由谁制定,那么相应的清理也应由其负责,其清理主体是唯一的,即"谁制定、谁清理",也就是说,地方性法规的清理主体是地方人大及其常委会。

有学者提出,"地方性法规清理活动是否可授权其他主体代为进行呢?既然地方性法规清理活动也是立法活动的内容,国家对立法活动的授权行为作出了许可的规定,那么地方性法规清理也可以授权其他主体来完成。因此,地方立法主体或其授权的主体都可以进行地方性法规的清理活动"[①]。从上文分析我们可以看出,享有地方性法规清理权力的主体只能是地方人大及其常委会。虽然在具体实践中就有由法规起草部门、受委托的科研机构或高校院所等进行法规清理的做法,而且在一些地方立法条例中也有相关规定,但实际上他们只是实施了相关清理工作,并不能说他们就是地方性法规清理主体。从严格意义上说,他们只是找出地方性法规存在哪些问题并提出意见建议的"梳理主体",从事的是地方性法规清理过程中一个环节的工作。不能将他们定为清理主体的原因也很简单,一是地方性法规不是他们制定的,二是他们也没有修改或废止地方性法规的权力。好比人不可以授权其他任何人杀死自己,地方立法机关也不能授权其他部门组织修改、废止自己制定的地方性法规。所以,如果这位学者提出可以授权其他主体代为清理指的是代为"梳理",那么此观点是没有问题的。但若指的是其他被授权主体可以成为严格意义上的"清理主体",那就大错特错了。在我国立法实践中,包括全国人大常委会委托其下属的法制工作委员会进行法的

[①] 万祥裕,谢章泸.试论地方性法规清理机制的构建[J].时代主人,2011(1):36-38.

清理工作,国务院委托其下设的法制机构进行行政法规的清理工作,也只是针对梳理阶段而言。在经过梳理并提出处理建议后,最终的处理权仍然属于制定机关。

(2)清理对象。地方性法规清理必须针对地方立法机关制定的有效地方性法规。也就是说,地方性法规清理对象的范围和时间段是特定的,包括在进行专项清理时,也就是对某一特定领域内现行有效的地方性法规进行清理。在对特定的地方性法规进行清理时,不能对其他的规范性文件随意清理,不能超越清理权限和清理范围。在2015年《立法法》修改后,有地方性法规制定权限的主体,在原来省、自治区、直辖市、较大的市的人大及其常委会的基础上,新授权"设区的市"以地方立法权①。在国家改革开放进程中,良性的地方立法竞争是推动国家经济社会快速发展的重要机制,但是,因地方政府之间追求GDP(国内生产总值)的竞争等原因,不少地方性法规在制定过程中蒙上了浓厚的地方保护主义色彩,此

---

① 在我国,设区的市地方立法,就是指省级以下所有设区的市的国家权力机关和国家行政机关依法制定地方性法规和地方政府规章的活动。具体范围包括省、自治区的人民政府所在地的市,经济特区所在地的市,国务院已经批准的较大的市和其他设区的市的人大及其常委会制定地方性法规的活动和同级人民政府制定地方政府规章的活动。事实上,随着2015年《立法法》修改一同得到与设区的市相同地方立法权的还有自治州和不设区的地级市。从《立法法》的条文看,"设区的市"没有涵盖自治州,也不能包括不设区的地级市,但为了方便起见,法学界在讨论"设区的市地方立法"时往往将一同被赋予相同地方立法权的自治州和不设区的地级市包含其中。赋予设区的市地方立法权,是全面推进依法治国、完善中国特色社会主义法律体系的重要内容,也是调动地方改革开放和社会治理积极性、提升地方治理能力和法治水平的必要步骤。(李克杰.设区的市地方立法理论探讨与实证研究[M].北京:中国政法大学出版社,2018:16.)此外,还有学者认为,设区的市随着《立法法》的修改先后获得了立法权,但地方立法权规定中"等"字的法律含义存在巨大的争议,从法律的整体制度设计来看,地方立法权规定中的"等"字仍有其相应边界:以不涉及"法律保留"为法律边界,以"本地适用"为区域边界,以"地方职权"为内容边界,以"尊重立法引导"为裁量边界。(刘小冰,张思徇.地方立法权规定中"等"字的法律规范解读[J].江苏行政学院学报,2018(2):129-136.)

第一章 地方性法规清理的理论基础

外,上位法的内容和国家有关改革政策也会因为现实的变化而发生变动,为维护国家法律体系的科学与统一,有必要将一些"问题"地方性法规予以及时清理。

(3) 清理程序。纵观各地实践,地方性法规清理基本由以下几个阶段构成:启动阶段、梳理阶段、审议阶段以及处理阶段。

①启动阶段。这是地方性法规清理的起点,启动的原因也有多种,包括定期清理、法定清理、人大代表议案和建议、执法检查、立法后评估等。但是经梳理可以发现,各地地方性法规清理的启动与国家有关政策制度改革关系紧密,如因加入 WTO(世界贸易组织)而进行的大规模地方性法规清理,实现国家"到 2010 年形成中国特色社会主义法律体系"而进行的大规模清理,因国家行政审批制度改革而进行的有关行政审批项目的集中清理,为解决军民融合发展的突出矛盾和现实问题而开展的专项清理。各地对清理的启动基本遵循"谁制定、谁清理"的原则,清理启动权始终由地方人大常委会掌握。

②梳理阶段。梳理阶段的成效关乎整个地方性法规清理的效果和质量,也决定着清理结果的公正与客观。实践中,梳理阶段的主体构成主要有人大主导、政府主导以及社会公众参与几个类型。在人大主导型中,地方性法规梳理由人大常委会负责,常委会法制工作委员会进行组织协调,法制工作委员会对各部门提出的意见建议进行梳理汇总分析。政府主导型,顾名思义,就是梳理工作由政府法制办牵头负责并安排相关事宜,形成梳理草案后提交人大常委会审议,地方人大不参与其过程。同时也因为人大不参与,所以在对梳理任务进行分配时,一般会遵循"谁实施、谁梳理"的原则,由地方性法规的组织实施部门或单位负责具体的梳理工作。另一种梳理模式是公众参与型,它出现于国家民主立法、科学立法的大背景下。所谓公众参与型,就是梳理工作不完全由人大或政府组织实施,同时也会邀请类似高校、科研院所等第三方机构团体共同参与地方性法规清理过程中的梳理工作。

实践中,各地方立法条例对具体负责地方性法规清理的规定有所不同,如《吉林省地方立法条例》第七十二条规定,"有关的专门委员会、常务委员会工作机构应当根据各自职责范围,组织对地方性法规进行清理";《河北省地方立法条例》第六十五条规定,"省人民代表大会常务委员会各工作机构和省人民政府各有关部门,应当按照各自的职责范围分别对有关地方性法规进行经常性的清理";《江苏省制定和批准地方性法规条例》第七十六条规定,"专门委员会、常务委员会工作机构和有关部门、单位应当对地方性法规进行定期清理,发现地方性法规内容与法律、行政法规相抵触,与本省其他地方性法规不协调,或者与现实情况不适应的,应当提出修改或者废止地方性法规的意见和建议"。也有地方立法规定由"原起草责任单位"负责,如《石家庄市制定地方性法规条例》指出,"法规生效施行后,相关上位法发生变更的,法规的原起草责任单位应当在新的上位法生效施行前,完成相关法规的清理工作,并向常务委员会法制工作机构提交清理结果的报告";《成都市地方立法条例》第七十六条规定,"地方性法规、规章生效施行后,相关上位法发生变更的,原起草责任单位应当在新的上位法生效施行前,完成相关法规、规章的清理工作,并向常务委员会法制工作机构、市人民政府法制工作部门提交清理结果的报告";《甘肃省地方立法条例》第六十四条提出"法规清理实行谁主管实施、谁负责清理"。笔者在调研时了解到,在江苏省的地方性法规清理具体实践中,清理的组织实施一般由江苏省人大常委会法工委负责,具体清理工作由人大常委会法工委交其下属的法规备案审查处,由备案审查处对地方性法规的相关问题进行梳理汇总,并提出修改、废止的意见建议。

对于前文提到的公众参与型梳理模式,其实也就是实践中一些地方实行的委托清理,即由中立的第三方机构对地方性法规进行审查并提出清理意见,如《重庆市地方立法条例》明确规定,"市人大常委会可以组织市人大有关专门委员会和市人大常委会工作机构,根据各自职责范围对法规进行清理并提出意见,也可以委托高等院校、科研机构对法规进行清

第一章 地方性法规清理的理论基础

理并提出意见。法规清理意见由法制委员会进行汇总,向主任会议提出清理情况的报告";《南宁市地方性法规制定条例》第七十二条规定,"立法调研、立法评估、法规清理等立法相关活动可以委托第三方进行"。这种委托第三方机构对地方性法规进行清理的方式,其最大的特点和优势就在于其具有的中立性。因为不受地方保护主义倾向特别是部门利益[①]的影响,第三方主体的站位就比较超然,提出的意见也就相对客观和科学,与地方立法机关相比,其提出的意见建议能够不带预设性的立场,能够从中立性的视角来观察各方的利益分歧,对每一个部门和利益相关方的意见建议能够予以充分听取和考虑,因而能够充分反映事物的来龙去脉。与地方立法机关组织实施清理相比,可能第三方提出的清理意见不是最正确的,但是其观点所具有的中立性评价价值是非常显著和难能可贵的,一定程度上能够保证地方性法规清理的质量,切实推动开放立法、科学立法,避免地方立法机关出现"闭门造车式""出门不合辙"的立法。

③审议阶段。这一阶段相比其他阶段有一些不同或者说特殊之处,一是省级地方性法规清理审议与设区的市清理审议的表现形式不同,二是审议阶段具有一定的监督效果。所谓审议的表现形式不同,是指省级的审议一般包括分组审议与统一审议,在统一审议前,通常会通过座谈会、论证会等形式收集意见建议并形成初步清理草案,然后法制工作委员会再逐一审查分组审议报告,最终向地方人大常委会提交正式的审议情况报告。与省级审议程序不同的是,设区的市除了分组审议、统一审议外,还有一轮外部审议,即省级人大常委会的审查批准环节。2015年3月,全国人大通过《关于修改〈中华人民共和国立法法〉的决定》,新修正

---

① "在当前地方性法规大多还由行政主管部门起草的格局下,少数地方立法已然成为主管部门固化利益的工具。如在一些行政主管部门的操作和催生下,出台的法规都强调和凸现了管理权能(比如财权和事权),却对公共服务职能及管理者的义务性规定涉及甚少或语焉不详,这已成为当下立法体制很难克服的痼疾。此种类型的立法膨胀态势绝非法治社会的正确方向。"(赵立新.论地方立法权的谨慎使用原则[J].吉林人大,2010(1):29.)

的《立法法》明显加强了备案审查力度,明确规定主动审查,其第九十九条规定:"有关的专门委员会和常务委员会工作机构可以对报送备案的规范性文件进行主动审查。"所以,新法规定设区的市行使地方立法权,明确这些市可就"城乡建设与管理、环境保护、历史文化保护等方面的事项"制定地方性法规的同时,也对设区的市的立法权限进行了一定限制①。从地方性法规清理的性质以及设区的市地方性法规清理须报省人大常委会审查批准可以看出,设区的市地方性法规清理与修正后的《立法法》中规定的备案审查制度具有十分紧密的关联。之所以如此设计,其背后是有一定法理基础的:《立法法》第七十二条规定,"设区的市的地方性法规须报省、自治区的人民代表大会常务委员会批准后施行",因为地方性法规清理与制定地方性法规一样,其引发的地方性法规的效力变动会对相对人的利益产生较大影响,所以为了防范地方立法权的滥用,新法所设定的备案审查制度理应涵摄设区的市开展的地方性法规清理。也是因为这个原因,地方性法规清理的审议阶段具有一定的监督效果。在这个阶段,审议主体会对整个地方性法规清理的启动、梳理环节进行系统审查,检查清理启动是否具有客观性与适应性、清理意见建议内容是否与上位法相抵触或与同级地方性法规不协调、是否存在立法技术或文字表述上的相关问题等,关系到整个地方性法规清理的科学与否。但是,理论与现实有时总会有差别,实践中,由于没有设定地方性法规清理的责任及相应惩戒机制,审议也就无法最大程度地发挥其具有的监督效能。

④处理阶段。处理阶段在地方性法规清理中的作用至关重要,因为其决定了地方性法规清理的性质,内容涉及地方性法规的效力变动以及

---

① 规范性文件备案审查是保证宪法法律有效实施、维护国家法制统一的重要制度。2015年修正后的《立法法》将第五章的名称从原来的"适用与备案"改为"适用与备案审查",明确加强了备案审查力度,既明确规定主动审查,同时还提出审查申请人反馈与公开机制,规定全国人大有关的专门委员会和常委会工作机构可以将审查、研究情况向提出审查建议的国家机关、社会团体、企业组织以及公民反馈,并可以向社会公开。

第一章 地方性法规清理的理论基础

与其他相关立法制度的互动衔接。在处理方式上,对地方性法规的修改、废止,现实中一般采用"包裹立法"的地方性法规清理方式,在节约地方立法资源、提高清理效率的同时,也能够提升地方性法规清理的实效。此外,因为地方立法是由各个立法环节组成的循环系统,要切实提升地方性法规清理效益,还需要加强法规清理与执法检查、立法后评估、区域协同立法的衔接互动。

地方性法规清理通过修改、废止等方式解决现行地方性法规中存在的相抵触、不协调、不适应等问题,它与地方性法规的一般性修改、废止关系密切。它们经历的程序都非常严格,都必须是法律规定的特定主体,启动的原因也大致相同。但是,对地方性法规的清理性修改、废止与对地方性法规一般性修改、废止之间是存在区别的,两者并非相同概念。第一,地方性法规的清理性修改不同于地方性法规的一般性修改。一次地方性法规的清理性修改,针对的是一定时间、一定范围内众多的地方性法规进行的修改,如为保障《行政强制法》的有效实施,上海市对13部地方性法规进行了修改,江苏省对其省内的17部地方性法规进行了修改。而对地方性法规的一般性修改,无论是地方性法规的修订还是地方性法规的修正,大都是针对某一部地方性法规进行的修改。地方性法规的清理性修改,从实践情况来看,大多是对相同位阶的地方性法规之间不协调、地方性法规与上位法规定相抵触等有关问题的修改,或者是对地方性法规中明显不适应地方社会发展现状的规定予以删除,在一般情况下也不会对地方性法规的结构进行大的调整;而地方性法规的一般性修改是根据地方经济社会的发展情况并在成熟实践经验的基础上进行的修改,既包括地方性法规中制度的重新设计与创新等实质性内容的修改,同时也包含地方性法规结构与技术的修改。第二,地方性法规的清理性废止也不同于地方性法规的一般性废止。地方性法规的一般性废止大多是对某一部地方性法规予以废止;与一般性废止不同,地方性法规的清理性废止多是一次性废止多部地方性法规,是大批量的地方性法规的废止,如为实现

"到2010年形成中国特色社会主义法律体系"这个目标,河北省废止了16部地方性法规,福建省废止了9部地方性法规,海南省废止了3部地方性法规等;再如2017年祁连山生态事件发生后,全国人大常委会对出现故意"放水"、降低标准、管控不严等问题的生态领域地方性法规进行专项审查和全面清理。据统计,包括21个省区市及部分设区的市在内,修改相关地方性法规26件,拟修改或废止384件[①]。这一数据已经远远超过地方性法规一般性废止的规模。

因为地方性法规清理还包括修改、废止之外的其他方式,所以,在结果的处理上,地方性法规清理与地方性法规的一般性修改、废止也存在着区别。事实上,所有地方性法规的一般性修改、废止都会经历清理的过程,但是地方性法规清理却并不一定导致地方性法规的修改和废止,也就是说,地方性法规修改、废止并非地方性法规清理的唯一结果,在修改、废止之外,清理机关认为地方性法规仍然适应经济社会发展的,会决定继续适用,此外还存在地方性法规被宣布失效等情况。

表2 地方性法规清理与修改、废止的区别

	地方性法规清理	地方性法规修改	地方性法规废止
目的	确定地方性法规是否继续有效或需要加以修改、废止	对地方性法规进行修改,目的十分明确	对地方性法规进行废止,目的十分明确
方式	定期清理、全面清理、专项清理	有两种方式:一是以修正案的方式进行修改;二是以修改决定的方式进行修改	有三种方式:一是上位法废止下位法;二是新法废止旧法;三是专门决定废止
程序	梳理阶段比较灵活,处理阶段比较正规	程序比较正规、严格	程序比较正规、严格
结果	结果专门性	结果专门性	结果专门性

---

① 杨维汉,陈菲.祁连山环境问题通报后,地方生态法规"大清理"[J].中国人大,2017(23):19.

第一章　地方性法规清理的理论基础

二、地方性法规清理的性质

讨论地方性法规清理的性质,主要是界定其是不是一种立法活动,这关系到地方性法规清理的主体、清理权限以及清理程序的设定,是一个在研究地方性法规清理过程中必须要明确的基础问题。如何界定地方性法规清理的性质,学界大概有四种观点,即立法活动说、准立法活动说、非立法活动说以及阶段性立法活动说。支持立法活动说观点的学者给出的理由是,"法的清理活动直接影响到被清理的规范性文件是否有效或是否需要进行变更"[①];而支持非立法活动说的学者则认为,"法的清理只是对法的效力状态进行确认,而并非直接加以效力变动的活动"[②],"法的清理只是确认哪些法律需要补充、修改,哪些法律不继续有效,哪些法律需要废止,而不需要进行法的修改、补充活动,不需要在原有法律中增加新的内容"[③];准立法活动说认为,清理工作提出的意见建议在经过法定程序批准后具有法的性质[④];阶段性立法活动说则以上观点的中和,认为清理包括梳理与处理阶段,在不同阶段性质是有所区别的。在梳理阶段,因为不涉及法的效力变动,所以不能界定为正式的立法活动,只有在对法的效力进行最终处理的阶段才是直接的、正式的立法活动[⑤]。本书认可立法活动说,一是因为地方性法规清理并不只是单纯的"查找并发现问题",更重要的在于清理工作蕴含了对现行有效的地方性法规法律效力的"处理"结果,这与立法活动能够产生法律效力变动的特征一致,清理工作中的梳理和处理两个环节并不是自成一体没有联系的,前期梳理和最终处理相

---

① 黄文艺.立法学[M].北京:高等教育出版社,2008:112.
② 侯淑雯.立法制度与技术原理[M].北京:中国工商出版社,2003:251.
③ 刘莘.立法法[M].北京:北京大学出版社,2008:282.
④ 顾小荔.谈谈法规清理[J].人大研究,1995(4):25-26.
⑤ 周旺生.立法学[M].2版.北京:法律出版社,2009:507.

结合才能构成完整意义上的清理,不能人为予以割裂。前期梳理只是清理的一个必经环节,是清理的一部分,不能因为这一环节的非立法活动性质而否定整个清理的性质。"清理是对现行存在的法律、法规、规章等依一定的方法和原则进行分类、整理、审查,并在必要时,即存在立法冲突时,依法定职权和程序进行必要的修改、补充甚至废止的行为,实质上是法的立、改、废的活动,因而是项立法活动。"①也就是说,是否引发地方性法规法律效力的变动,是对其性质进行定位的关键所在。实践中,地方性法规清理的启动、审议、处理等程序,与普通的立法程序相比也并无太大区别,基本上也是按照一般法的制定和修改程序进行运作。

  将地方性法规清理定位为立法活动,还有一个重要原因,就是因为国家法律层面上缺乏对地方性法规清理的明确规定。众所周知,地方性法规调整的范围和内容非常广泛,近些年,因各种原因引发的地方性法规清理次数也越来越多,规模也越发庞大。那么,对于这样一项能够变更地方性法规法律效力的活动,如何避免地方立法主体在缺乏立法规范的情形下因程序不当或其他原因导致人民群众利益受侵犯,严重影响人民群众的生存权利?如何避免地方立法主体出于理性经济人的考虑僭越法律保留事项甚至冲击国家法律体系?鉴于此,无论是从保护人民群众权利、约束地方立法主体行为还是清理运行实践的角度出发,都必须将地方性法规清理定位为立法活动而不是一项普通的人大工作制度,必须使地方性法规清理具有国家立法制度的依托并受到立法规范的严格约束。因为"无论是法律清理,还是法律修改或者法律废止,都属于广义的立法,是广义立法的一部分。也因如此,立法的基本原理和基本原则也适用于它们"②"法律原则能够作为规则的来源或者基础的综合性、稳定性的原理和准则"③,所以,实践中地方性法规清理虽然在法律层面缺乏直接的条

---

① 汪全胜.制度设计与立法公正[M].济南:山东人民出版社,2005:359.
② 杨斐.法律清理与法律修改、废止关系评析[J].太平洋学报,2009(8):25-30.
③ 焦洪昌.宪法学(第五版)[M].北京:北京大学出版社,2013:350.

款依据,但国家所确立的立法法原则仍然可以对其进行规制与考量,并最终使其符合立法价值目标。为充分发挥地方性法规清理的功能,实现地方性法规清理的法治化,建议国家将地方性法规清理纳入《立法法》中进行考量,在《立法法》中设定专门条款以明确相关内容。

地方性法规清理同时也是一种对地方性法规的监督形式,是有权的国家机关根据其对当地经济社会发展规律的认识对过去立法活动的一种反思和检讨。其实质是地方性法规制定机关根据特定目的,对其制定的地方性法规在国家法律体系内的冲突情况进行梳理,对地方性法规的有效性进行审查、评价,从而决定哪些地方性法规需要修改、废止,哪些可以继续适用。通过地方性法规制定机关的自我检查,发现和消除地方性法规之间的矛盾和不协调,使地方性法规在纵向与横向上保持协调一致,从而维护国家法制统一,消除和减少立法冲突,提高地方立法质量。

三、地方性法规清理的基本原则

确立地方性法规清理的基本原则,主要目的在于克服地方性法规清理运行实践中的"突击式""运动式"状态,使清理的启动、梳理、审议、处理等各环节变得更加科学合理,构建常态化和更具规律性的地方性法规清理机制。为达成这一目标,地方性法规清理须遵循以下基本原则。

第一,依法清理。所谓依法清理,就是对地方性法规清理予以法定化,在地方立法上对法规清理作出明确规定,使地方性法规清理能够有法可依和有章可循。地方性法规清理是对现行有效的地方性法规部分或者全部内容的否定或修改,会直接影响到一部地方性法规的存废。所以,相关清理主体不可随意为之,必须要依法清理,必须坚持法制统一,使清理各环节能有法可依和有章可循,通过立法的保障以保证地方性法规清理的效果。依法清理的基本内容应包括:清理启动法定,主要指在何种情况下应当启动;清理主体法定,即地方性法规清理主体必须有立法的明确规定,包括启动主体以及具体清理工作的实施主体;清理程序法定,包括清理程序如何启动、清理启动后各环节的具体实施;此外还包括清理的范围、清理方式等都必须予以明确规定。既然地方性法规清理是一种立法活动,因而应当通过法定程序予以规范,但目前这方面的制度建设还不够健全,有必要尽快完善。

第二,开门清理。是指在清理过程中邀请公众参与某些环节,以加强公众对地方性法规清理的监督。与此相反的则是闭门清理,即地方性法规清理的全过程只有清理机关主导和参与。众所周知,在我国选举制度中,普通民众与类似省人大代表、全国人大代表这样高层级的代表之间仅有着间接的关联,且这种关联会随着代表层级的提高而逐步消减。"地方人大由于其选举层次相对较少,人民可以较为直接地行使立法权。因此,地方性法规的制定应当以保障广大人民的根本权益为目标和归宿。我国的政治体制改革正在进行,各级人民代表的产生机制和工作状况尚不理想,公民参与立法的渠道不畅。"①当前,计划经济色彩仍然存在于一些地方性法规之中,背离了国家市场经济的发展目标。在程序或实体方面,一些地方性法规缺乏对公民权利足够的保护,反而让地方性法规成为公民权利实现的阻碍。实践中,自我清理仍是多数地方性法规清理采用的主要方式,使某些超龄特别是内容有严重问题的法规不能予以及时清理。因而,应实行"开门清理",利用多种途径广泛征求意见。从坚持民主立法的价值取向角度看,因为社会公众同地方性法规在社会生活的方方面面均有密切接触,因而对其利弊得失也有着真切的感受。有鉴于此,地方性法规清理应当充分保障公众参与权,清理主体在实施清理时应采取多种方式、设定适当的程序保障公民的建议权,确保地方性法规清理在充分听取和积极采纳各方意见和建议的前提下开展。地方性法规清理主体应当

---

① 刘凤景.需求驱动下的地方性法规清理机制[J].内蒙古社会科学(汉文版),2018,39(6):83-87.

第一章 地方性法规清理的理论基础

积极主动通过互联网平台或召开研讨会、座谈会等形式广泛征求意见,或邀请有关专家进行充分的调研,切实拓宽公众参与渠道,并将清理结果及时向社会公布。

在现代法治社会,开门清理是现代民主立法的必然要求,通过发挥公众在地方性法规清理中的监督作用,减少部门利益对法规清理效果的影响,真正提高清理的质量和实效。因此也有学者将开门清理原则称为公开性原则:"向社会公开征集法规清理的项目;扩大社会和公民参与法规清理工作的渠道;通过召开座谈会、研讨会等形式,充分征求管理相对人的意见;组织人大代表和专家学者进行调研和论证;法规清理的结果向社会公布。"[①]从地方性法规清理运行实践来看,开门清理原则主要包含以下内容:(1)公众参与启动程序。在地方性法规清理启动时,向社会公开征求地方性法规清理项目,增加公众参与地方性法规清理的积极性和主动性。(2)主动征求公众意见。负责地方性法规清理的主体,在清理过程中,主动利用多种方式征求公众对相关地方性法规的清理意见。(3)及时公布清理结果。在地方性法规清理工作结束后,清理主体应及时向公众公布清理结果,此举既能让公众第一时间知晓清理的结果,同时也保证了公众的监督权,也有利于地方性法规的实施。

第三,适时清理。是指地方立法主体要在适当的时机启动地方性法规清理,不仅使地方性法规能够不断适应地方经济社会发展,同时也要保证地方性法规的相对稳定性。而之所以要保持相对稳定性,一方面在于维护它的权威,另一方面也是因为法是一个肯定社会既得利益的工具,清理所带来的废止或者修改结果,从某种意义而言也是对当前社会既得利益的再分配,可能会受到既得利益者的阻挠或反对,这是必须要保持其稳定性的重要因素[②]。但是,地方性法规范所调整的社会关系是不断发展

---

① 雷斌.地方性法规清理制度初探[J].人大研究,2009(5):25-27.
② 徐国栋.民法基本原则解释——成文法局限性之克服[M].北京:中国政法大学出版社,2001:181.

和变化的,作为调整工具,地方性法规要适应地方经济社会发展需要,必须要具有适应性。在地方性法规清理运行实践中,我们要处理好地方性法规的适应性与稳定性之间的关系,寻找两者之间的平衡点,结合地方实际,适时进行地方性法规的清理。因为相对稳定的地方性法规,有助于社会公众在一定情境中形成自己的行为预期,从而事先做好自己的生产、生活规划。在地方性法规的适应性和稳定性之间,相比实施地方性法规清理以及因清理而引起的法规的修改或废止结果,应当更优先维护地方性法规的稳定性。对于地方性法规的立、改、废,在非必要时以继续适用为佳;确有必要进行修改或废止的,清理主体必须进行充分的立法论证。

适时清理要求地方立法机关要建立地方性法规定期清理与不定期清理相结合的机制。所谓定期清理,就是在固定的时间周期内对地方性法规进行清理,这一清理方式体现的是地方性法规在一定时间内的稳定性;所谓不定期清理,就是当地方性法规的法定清理情形出现时,能及时地启动清理程序,此种清理方式体现的是地方性法规必须要适应地方经济社会的发展。

第二节　地方性法规清理方式

"法规清理本身就要求以一定的方法,合理、有序、系统地进行。这就要求法规清理应当使用合理、有效的甚至是法定的方法进行。"①但是,目前我国立法并没有对地方性法规清理方式作出明确的规定,且缺乏制度化的规范和确认,鉴于地方性法规清理的重要性及实践中清理工作的需要,应尽快弥补这一制度盲区。根据我国地方性法规清理工作的实践,按照一定的标准,可以将地方性法规清理作如下分类。

一、事前清理与事后清理

此种分类是以地方性法规清理启动的时间点为标准。事前清理,是指在新制定一部地方性法规或者修订某一地方性法规的过程中,如果发现现行的相关地方性法规与新草案所确立的法律规定之间存在不一致,在颁布新地方性法规的同时,对上述不一致的地方性法规的相关规定一并进行处理,或进行修改,或予以废止。事后清理,是指在地方性法规颁布实施一段时间后,对地方性法规进行的清理工作。实践中进行的地方性法规清理工作,大部分都属于事后清理。

在国外,"事前清理较为普遍,美、英、德等国家在制定或者修订某项

---

① 周旺生.立法研究[M].北京:法律出版社,2001:327.

法案时,对调整相同社会关系的现行规范性文件或者相关规定一并梳理研究,在通过该法案时,对于与该法案相抵触的规范性文件或者相关规定明确予以废止或者作出修改(在德国,称之为"协调性修订")"[①]。在国内,《行政处罚法》(1996年)第六十四条规定:"本法公布前制定的法规和规章关于行政处罚的规定与本法不符合的,应当自本法公布之日起,依照本法规定予以修订";《行政许可法》(2004年)第八十三条规定:"本法施行前有关行政许可的规定,制定机关应当依照本法规定予以清理;不符合本法规定的,自本法施行之日起停止执行。"这两部法律是我国众多法律中为数不多的直接规定要求进行事前清理的,这与它们所调整的社会关系的重要性以及广泛性不无关系。总体来看,目前对地方性法规的事前清理还没有形成惯例,这在一定程度上影响了地方性法规清理的实效。但是,事前清理也有不足之处,对法规进行主动的、事先的审查是一种低效的清理法规的方法。因为,法规中的不当、矛盾和对公民权利的危害不是在办公室里看出来的,而是在实践中用的时候才能充分暴露的。与之相比,因为事后清理是在地方性法规出现问题或出现其他情况之后再进行的清理,因而清理工作更具针对性,清理效果也就更为明显。

二、全面清理与专项清理

此种分类是以地方性法规的清理范围为标准的。全面清理是指地方立法主体对较长时间以来的所有现行有效的地方性法规进行清理,是一种较大规模的清理方式,也是在我国地方性法规清理中次数运用得最多的方式。这种清理方式就清理的数量来说,是该地方立法主体在某个特定的时间段内制定的所有地方性法规;就时间来说,意味着有一定的时间跨度,经历的时间较长。全面清理通常发生在国家重要的历史转折、国家

[①] 刘莘.国内法律冲突及立法对策[M].北京:中国政法大学出版社,2003:203.

第一章　地方性法规清理的理论基础

的治理理念发生重要变革以及国家发生重大事件的时候,如在我国加入世界贸易组织以后,为履行入世的承诺,各地对现行的地方性法规进行了大规模清理;为实现"到 2010 年形成中国特色社会主义法律体系"的目标,各地方又进行了大范围的地方性法规清理工作,这些都属于全面清理。专项清理通常是"专门对某种内容的规范性文件或某种形式的规范性文件进行的清理"①,一般是以法律明文规定的方式进行,或者是有关国家机关发布特定文件针对某一特定领域的法规进行系统清理。如 2004 年《行政许可法》颁布后,国务院发布通知要求抓紧做好有关行政许可规定的清理工作,因而各地对涉及行政许可方面内容的地方性法规进行了一次专项清理;2011 年《行政强制法》颁布后,各地对不符合行政强制方面内容的地方性法规进行了修改与废止。"(2021 年)1 月 1 日起,新中国成立以来第一部以'法典'命名的法律——民法典正式施行。记者近日从全国人大常委会法工委获悉,为配合民法典的贯彻实施,维护国家法治统一和权威,全国人大常委会自去年下半年开展了民法典涉及法规、规章、司法解释及其他规范性文件专项审查和集中清理工作。目前专项清理工作已完成。"②

全面清理是对现行有效的所有地方性法规进行集中审查,可以一次性解决较多的问题,因而有它的重要价值。但是,这种清理方式也有一定的缺陷,"历史跨度大,内容涉及面广,因而比其他清理需要人员多、时间长"③,并且它是以默认和牺牲一定时间或一定范围内的立法冲突为代价,不能在立法冲突出现时及时启动清理,而是等到某一个时间对地方性法规进行集中清理。专项清理的优点在于其针对性很强,它能够集中时间和力量解决某一领域的问题,使得全国所有地方性法规对某一领域的

---

① 朱力宇,张曙光.立法学[M].2 版.北京:中国人民大学出版社,2006:223.
② 涉民法典规范性文件专项清理已完成[EB/OL].(2021-01-19)[2021-05-01]. http://www.npc.gov.cn/npc/c30834/202101/64761c3d5d6c49f6a22e77166f018f6b.shtml.
③ 朱力宇,张曙光.立法学[M].2 版.北京:中国人民大学出版社,2006:223.

问题能够达到高度协调与统一。但是,与全面清理相似,其只有在特定条件出现时才会启动,因而也存在着一定的滞后性。

三、定期清理与不定期清理

此种分类是以地方性法规清理是否定期展开为标准。定期清理,顾名思义,是指每隔一段时间,地方立法主体即对现行有效的地方性法规进行系统的审查,是地方性法规清理工作制度化、常态化的一种形式。2004年,国务院印发《全面推进依法行政实施纲要》,其第18条指出,"建立和完善行政法规、规章修改、废止的工作制度和规章、规范性文件的定期清理制度。要适应完善社会主义市场经济体制、扩大对外开放和社会全面进步的需要,适时对现行行政法规、规章进行修改或者废止,切实解决法律规范之间的矛盾和冲突。规章、规范性文件施行后,制定机关、实施机关应当定期对其实施情况进行评估。实施机关应当将评估意见报告制定机关;制定机关要定期对规章、规范性文件进行清理"。在我国没有正式建立地方性法规定期清理长效机制的情况下,这一规定具有非常重要的价值。与之相反,不定期清理是指清理机关根据实际情况变化,随时启动并开展地方性法规清理工作。在实践中,不定期清理大多是由于上位法内容发生变化或国家出台新的改革政策,导致下位法的有关规定与上位法或政策不一致、不协调时进行的清理。

不定期清理的优点在于清理工作能够随时启动,但是,也正是因为启动的随意性,使其染上了"运动化"的色彩,此外也容易造成一些地方性法规立、改、废滞后于社会发展,从而不能适应已经变化了的社会客观需要。相比于不定期清理,对地方性法规的定期清理具有明显优势,有助于及时协调地方性法规之间、地方性法规与社会变化之间的关系,有助于及时发现和解决问题。将立法主体的清理工作制度化、常态化,可以避免因长时间不清理而出现"僵尸法规""超龄法规"甚至"违法法规"等问题。关于定

第一章 地方性法规清理的理论基础

期清理这种方式,其实在中央一些文件中早有提及,1985年国务院《关于国务院各部门清理法规的情况和今后意见的报告》曾明确要求,国务院各部门和各省、自治区、直辖市人民政府应当每年对其制定的法规清理一次。但实际上,每年清理一次部门规章和地方政府规章的清理制度并未真正建立起来。

从以上分析可以看出,不管哪种清理方式都有其自身利弊。从我国当前地方性法规清理状况来看,定期清理应当是建立地方性法规清理长效机制的一个目标,应当重视并建立定期清理的固定模式,明确清理的时限,定期启动地方性法规清理,从而使地方性法规清理工作走向常态化。实质上,地方性法规清理作为一种广义立法,应当要按照立法的要求和程序,将清理工作作为地方立法主体的一项必须履行的法定职责,作为一种日常工作,从而实现经常性开展。

第三节 地方性法规清理的必要性

任何事物都是在发展变化而不是一成不变的。"与相对而言较为原则性、纲要化的法律相比,法规、规章等下位法更侧重细节性、具体化的制度设计,对社会生活、公民权利的影响也更加直接。正因此,对于建构一个完善的法制体系而言,下位法清理不仅不可或缺,而且更具有'细节的力量'。"[1]地方性法规在实施以后,由于社会的客观情势发生变化,需要对已生效的地方性法规进行适当的调整,适时性地进行清理,这是地方立法工作与时俱进的体现,同时也是地方立法工作的必然要求。通过实施地方性法规清理,对地方性法规进行"大扫除",可以增强地方性法规的及时性、系统性、针对性和有效性,从立法层面消除影响地方发展的体制机制,充分发挥地方立法对经济社会发展的引领、推动和保障作用,为地方发展营造良好的法治环境,提供顺畅有力的法治保障。

一、新时代提高地方立法质量的需要

第一,地方性法规清理是完善法律体系的客观要求。习近平总书记曾反复指出:"人民群众对立法的期盼,已经不是有没有,而是好不

---

[1] 阿计.下位法清理 完善法制从细节做起[J].公民导刊,2009(10):42-43.

好、管用不管用、能不能解决实际问题;不是什么法都能治国,不是什么法都能治好国;越是强调法治,越是要提高立法质量。这些话是有道理的。我们要完善立法规划,突出立法重点,坚持立改废并举,提高立法科学化、民主化水平,提高法律的针对性、及时性、系统性。要完善立法工作机制和程序,扩大公众有序参与,充分听取各方面意见,使法律准确反映经济社会发展要求,更好协调利益关系,发挥立法的引领和推动作用。"①我国在改革开放以后进行了多次大规模立法活动,其初衷是为了解决"无法可依"的现实问题,所以当时的立法思路基本是"有比没有好,快搞比慢搞好"。2011年3月10日,全国人民代表大会常务委员会委员长吴邦国同志庄严宣布中国特色社会主义法律体系已经形成。随着中国特色社会主义法律体系的形成,我国实现了从无法可依到有法可依的制度构建和历史性转变,各项事业发展步入法制化轨道,也标志着我国法治建设正式迈进'后立法时代'。"进入后立法时代重要的特征就是我国立法工作重心的转移,从过去强调新法的创制到现在强调对现有法律的修改、补充和完善。"②"后立法时代"的到来,表明我国"无法可依"的问题已经得到基本解决,此时,制度的合理性就成了亟待解决的问题。新时期的立法工作要走出在追求法律数量与规模上的传统误区,实现立法由数量型向质量型转变,由政府主导型向市场推进型转变,由闭门造车型向公众参与型转变,更加注重立法质量和实效,注重法律实施后的修改与完善,这也对国家和地方立法工作提出了新的更高的要求。结构严谨、体例科学、内部和谐统一,是一个好的法律体系的重要标志,同时也是实现地方性法规功能、维护地方性法规权威的基本前提。地方性法规必须有其自身的稳定性,这也是地方性法规适

---

① 习近平.在十八届中央政治局第四次集体学习时的讲话[M]//中共中央文献研究室.习近平关于全面依法治国论述摘编.北京:中央文献出版社,2015:43-44.
② 汪全胜.立法后评估概念阐释[J].重庆工学院学报(社会科学版),2008,22(6):11-14.

用的必备条件。但是,法规的稳定性是相对的而不是绝对的,当社会客观情况发生变化时,地方性法规也需要"与时俱进"。罗斯科·庞德在《法的新路径》首页指出:"法须稳定,但毋僵直。"①德沃金也曾断言"法律是一种不断完善的实践"②,"过时的法规不清理,不再起到立法保障、推动作用,而是制约作用,有时比没有法规还差"③。因此,及时进行地方性法规清理,可以使地方性法规精确对接地方发展所需、民心所向和基层所盼,切实提高地方性法规的指导性和可执行性,提高精细化和科学化水平,从而真正实现"良法善治"。正如有学者所言,"法律清理不仅仅是针对个别法律或者是法律的个别条文进行的清理,而且还包括对一个国家立法机关制定的所有法律在体系层级上进行清理,在不同法律之间建立起必要的法律秩序"④。

第二,地方性法规清理是提高地方治理能力的客观需要。党中央关于全面推进依法治国的战略布局,对运用法治思维和法治方式治理社会的能力提出新的要求。2015年《立法法》正式赋予设区的市以地方立法权;2018年3月,全国人大通过宪法修正案,在第一百条中增加了有关设区的市地方立法权的规定,从而使设区的市地方立法权正式获得宪法依据。由于幅员辽阔,我国各地的发展水平参差不齐,因而国家立法必定难以顾及各地的差异。赋予地方立法权,就是要充分调动地方立法的积极性与主动性,提升地方机关的治理能力与治理水平。但是,从"较大的市"扩展到"设区的市",使享有地方立法权限的主体骤然增加,这些在立法经验上相对欠缺的地方主体,在制定地方性法规时势必不可避免地带来诸

---

① 庞德.法的新路径[M].李立丰,译.北京:北京大学出版社,2016:1.
② 德沃金.法律帝国[M].李常青,译.北京:中国大百科全书出版社,1996:40.
③ 刘文学.地方性法规"体检"凸显开放品格[J].中国人大,2010(16):31-33.
④ 中国法学会宪法学研究会.中国宪法年刊[M].北京:法律出版社,2010:21.

第一章 地方性法规清理的理论基础

多问题①,"多元的立法主体与作为单一制的国家体制之间似乎产生了严重的紧张关系"②。利用地方性法规清理,能够在一定程度上弥补设区的市在地方性法规制定上的能力不足,减少地方性法规之间"打架"的情况,并从中总结经验、吸取教训,给地方性法规注入新的生命力。地方立法相对国家立法具有更接近基层的优势,通过地方性法规清理,全面深入查找梳理实际问题,认真研究确定弥补办法与举措,并通过清理法定程序将其纳入地方性法规修改方案,从而使地方性法规更具现实操作性和针对性,真正有效解决现实问题,为地方的基层治理、社会治理提供保障与支持。

第三,地方性法规清理是满足人民美好生活需要的客观要求。习近平总书记在党的十九大报告中明确指出:"中国特色社会主义进入新时代,我国社会主要矛盾已经转化为人民日益增长的美好生活需要和不平衡不充分的发展之间的矛盾。"随着社会主要矛盾的重大转变,人们对物质文化生活以及社会民主、法治、公平等都提出了更高层次、更多样化的

---

① 大规模扩张地方立法权,大力度推进地方立法体制改革,无疑有助于依法治国宏伟目标的早日实现,受到了社会各界特别是赋权地方的热烈欢迎。但是公众也会担心立法层级过低,立法者的能力和水平不够且容易受到地方当权者的干扰,立法质量难以保证,导致事与愿违。同样,立法者也有这样的担心,所以为了避免出现大家担忧的情况,2015年《立法法》在第七十二条第二款在给设区的市以地方立法权的同时,在第四款就设置了一道防线,即"除省、自治区的人民政府所在地的市,经济特区所在地的市和国务院已经批准的较大的市以外,其他设区的市开始制定地方性法规的具体步骤和时间,由省、自治区的人民代表大会常务委员会综合考虑本省、自治区所辖的设区的市的人口数量、地域面积、经济社会发展情况以及立法需求、立法能力等因素确定,并报全国人民代表大会常务委员会和国务院备案"。意思很明确,立法者在这个问题上坚持了我国改革开放依赖长期坚持的"成熟一个,确定一个"的标准,以防止放权之后的"一窝蜂"式立法。这个条款将给设区的市"开闸"放权的权力交给了省级人大常委会,由它们根据法条中规定的标准在充分考虑设区的市实际情况的基础上进行评判和确定。(李克杰. 设区的市地方立法理论探讨与实证研究[M]. 北京:中国政法大学出版社,2018:258-259.)
② 刘莘,覃慧. 论我国"法制统一"的保障体系——兼评修正后《立法法》的有关规定[J]. 江苏社会科学,2015(4):161-169.

要求。要实现这些新的更高要求,本质上都需要通过法治方式予以实现,从而也就对立法工作提出了新要求。开展地方性法规清理,通过对地方社会发展的现实情况及主要矛盾进行全面的分析研究,科学设计各种制度规范,提出最佳完善方案,可以增强地方性法规的可操作性,确保地方性法规管用、好用,真正满足人民在民主法治、公平正义等方面的需求。

提升立法质量,是健全中国特色社会主义法治体系必须要抓住的牛鼻子,是立法工作在推动社会主义法律体系和谐统一中的主要任务。党的十九大报告提出,要"推进科学立法、民主立法、依法立法,以良法促进发展、保障善治"。作为我国法的一种渊源和国家法律体系的一个重要组成部分,地方性法规在保发展、促民生方面发挥着重要作用,是中央立法在地方的补充与延伸。因此,作为地方立法的一个永恒课题,立良法、提升地方性法规的质量,是推进科学立法、民主立法、良法善治的必然要求,而开展地方性法规清理,正是提升地方性法规质量的重要手段。通过实施清理,及时发现地方性法规在具体实施中存在的问题,发现与经济社会发展现状到底有哪些不协调和不适应,进而为地方立法规划的编制提供客观依据。地方性法规清理也是一次对现行有效地方性法规的评估,此举对于摸清现行地方性法规的总体情况、总结实际工作中的利弊、发现问题并提出解决措施,对于规范立法技术、提高地方立法质量、促进地方立法的科学性与合理性,具有重要的意义。

二、地方性法规的局限性和实效性要求

根据我国现行一元两级多层次立法体制的设计,全国人大及其常委会制定法律,国务院制定行政法规,地方人大及其常委会制定地方性法规,民族自治地方人大及其常委会制定自治条例和单行条例,国务院部委制定部门规章,地方政府制定地方政府规章,另外,经济特区有权制定本特区的法规规章等。随着我国经济社会的高速发展,地方性法规的调整

内容和调整范围急剧扩大,数量急剧增多,调整的社会关系愈加复杂,导致地方性法规之间出现不协调,甚至矛盾和抵触的情况也越来越多。我国立法多年来奉行经验主义的立法思维,遵循"立法是过去的经验总结"的指导思想,强调"试验性"的渐进型法治道路,虽然促进了大规模的立法成就,但也导致了立法的滞后,跟不上社会现实的发展。此外,由于成文法的保守倾向,其在稳定性与社会发展变革性中间总是存在着矛盾与冲突,出现"时滞"现象。"'数量型立法'时代,因法律文件不断增多,衍生出法律'打架'、法律法规的改、废滞后之类的问题。"①由于存在这些突出的问题,在我国地方立法技术有待提高、立法质量有待完善的情况下,仅通过单一的制定新的地方性法规是无法解决的。所谓"智者千虑,必有一失",由于社会生活的日新月异,受制于地方立法主体认知水平和认知能力的局限性,不管其在制定地方性法规之初考虑得多么详尽周全,也无法预料现实的走向,导致地方性法规落后或偏离社会实践,现实中层出不穷的新情况、新问题也就不能得到及时调整,地方性法规实施效果的预期也就难以实现。这些无法避免的局限性正是对地方性法规开展"回头看"的原因。为了抑制和减少这种局限性,对地方性法规及时进行匡正和适当弥补,不断自我修正、自我审视,正是地方性法规清理的价值所在。

除了避免局限性这一原因,对地方性法规实施效果的审视也是进行地方性法规清理的必然要求。为了规范社会生活、实现自身的各项施政目标,各地方制定了大量的地方性法规,且为了达成目的,制定的地方性法规必须要取得一定的实施效果,也就是能得到很好的执行、适用和遵守,要有实际有效性。地方性法规能够得到有效的执行、适用和遵守与地方性法规的好坏有着直接关系。如果一部地方性法规的内容陈旧过时,严重脱离了地方经济社会发展的现实,人们将不愿执行、适用和遵守,不

---

① 俞荣根,刘艺.地方性法规质量评估的理论意义与实践难题[J].华中科技大学学报(社会科学版),2010,24(3):71-78.

利于地方经济社会的发展和对社会关系的有效规范。如果地方性法规与上位法或同级之间有矛盾或冲突,就会出现"法规打架"现象,人们必然无所适从。而地方性法规清理所具有的检视地方性法规质量、审视地方性法规有效性的功能,可以让地方立法主体知晓地方性法规的实际实施效果,了解"纸上的应然"是否真正落实到"实践中的实然",是否从"有法可依"转到"有法必依",价值取向和施政意图是否实现等。

三、地方立法先行权的客观要求

我国地方立法先行权也是地方性法规清理实施存在必要性的一个重要原因[①]。我国《立法法》第七十三条第二款规定:"除本法第八条规定的事项外,其他事项国家尚未制定法律或者行政法规的,省、自治区、直辖市和设区的市、自治州根据本地方的具体情况和实际需要,可以先制定地方性法规。在国家制定的法律或者行政法规生效后,地方性法规同法律或

---

① 讨论地方立法先行权,必定绕不开享有地方立法权的主体。党的十八届三中全会提出,要"逐步增加有地方立法权的较大的市数量",十八届四中全会则进一步提出,要"依法赋予设区的市以地方立法权"。2015年修订的《立法法》直接回应了党的十八届三中、四中全会的重大决策部署,赋予全国所有设区的市地方立法权,其亮点就在于将"较大的市"扩展到所有"设区的市",设区的市可在城市建设、市容卫生、环境保护等城市管理方面享有地方立法权,迈出了有效解决本地事务、深入推进地方法治建设的第一步。有观点认为,在国家法律逐步健全,尤其是法律体系形成之后,地方立法的空间已经不大,放宽地方立法权限可能会造成地方法规"各自为政",侵害中央立法权限,最终会破坏我国法制统一。其实,地方立法作为法律体系的重要组成部分,依然具有广阔的发展空间和强大的生命力。在规范、调整、引领和促进地方经济社会发展,破解发展过程中遇到的难题等方面依然能够发挥重要作用。在法律体系架构中,地方立法的实施性、补充性、先行先试的重要地位和重要作用依然没有变。虽然《立法法》明确了中央专属立法权,但这并不必然意味着中央集权化和权威的绝对化,只要地方立法遵照法定的权限和程序,以国家整体利益为出发点,不与国家宪法、法律和行政法规相抵触,那么社会主义法制的统一和尊严就能够得到维护。(田成有.立良法——地方立法的困局与突围[M].法律出版社,2019:83-84.)

第一章 地方性法规清理的理论基础

者行政法规相抵触的规定无效,制定机关应当及时予以修改或者废止。"该条明确规定了在一定条件下地方立法机关可以先于中央立法机关制定地方性法规,是《立法法》在法律层面赋予地方立法机关的一项权力,具有创新性、试验性和从属性等特征。先行性立法具有先行先试的探索性质,一方面回应社会需求,解决实际问题;另一方面又为国家立法积累经验。在赋予权力的同时,《立法法》也明确规定,"在国家制定的法律或者行政法规生效后,地方性法规同法律或者行政法规相抵触的规定无效,制定机关应当及时予以修改或者废止",也就是说在赋予地方立法机关权力的同时,也进行了一定的"权力限制"。《立法法》的这一要求体现了地方立法机关在一定条件下进行地方性法规清理的需要,也是《立法法》为地方性法规清理提供的上位法依据。新的上位法生效后,地方立法主体就需要全面审查先行制定的地方性法规内容,如有发现与上位法相抵触的内容,则须及时进行修改,否则将导致地方先行制定的地方性法规无效。从这一点也可以看出,地方立法先行权并非一种新的立法体例,而仍是中央立法在地方的补充与延续,其权力的行使仍然受到一定的限制,即"地方先行立法权从属于国家立法权,先行性法规从属于法律、行政法规"[1]。地方先行立法在试验后所带来的立法经验不仅可作为全国性立法的参考,还会催生成熟的全国性立法。但是,因为地方立法先行权存在着一定程度上的探索性、先行性等固有属性,当有关法律或者行政法规制定后,会出现地方先行立法不完善及与上位法之间不一致等问题,在这种情况下,必须要有一个监督机制对地方立法先行权予以规制,地方性法规清理机制则刚好发挥了此种功能,能保证地方立法先行权在国家法治轨道内健康运行,以维护国家法制统一。如江苏省早在2006年就制定了《江苏省非物质文化遗产保护条例》,在国家缺乏相关法律的情况下,为保护非物

---

[1] 李店标.论地方先行立法权[J].南华大学学报(社会科学版),2009,10(4):56-59.

质文化遗产、继承和弘扬优秀文化传统发挥了重要作用。但是，随着2011年《中华人民共和国非物质文化遗产法》的出台，《江苏省非物质文化遗产保护条例》在非遗项目监督与评估机制、非遗项目申报的退出机制以及非遗保护工作常态化等方面与上位法存在不一致情况，因而需要进行及时的清理完善。

表3　部分地方立法条例中有关地方性法规"清理"的规定

一、省、自治区、直辖市		
名称	条款	内容
吉林省地方立法条例	第七十二条	有关的专门委员会、常务委员会工作机构应当根据各自职责范围，组织对地方性法规进行清理。 常务委员会组织开展地方性法规清理的，由常务委员会法制工作机构汇总各方面意见后，提出修改或者废止的清理意见，由常务委员会主任会议研究处理。 国家机关、社会团体、企业事业组织以及公民，可以向常务委员会提出法规清理的建议
河北省地方立法条例	第六十五条	省人民代表大会常务委员会各工作机构和省人民政府各有关部门，应当按照各自的职责范围分别对有关地方性法规进行经常性的清理，发现地方性法规内容与法律、行政法规规定不一致、与现实情况不适应或者与本省相关地方性法规规定不协调的，应当按照本条例规定的程序及时提出修改、暂停施行或者废止的意见，由主任会议决定列入常务委员会会议议程
湖南省地方立法条例	第五十五条	常务委员会法制工作委员会应当根据国家法律、行政法规制定、修改、废止的情况和本省经济社会发展变化的情况及时组织对省本级有关地方性法规进行清理。需要修改或者废止的，按程序列入立法计划。 对多部地方性法规中涉及同类事项的个别条款进行修改，一并提出法规案的，法制委员会应当征求有关专门委员会的意见，并根据常务委员会组成人员的审议意见提出审议结果的报告，经主任会议决定，可以合并表决，也可以分别表决

续表 3

名称	条款	内　容
山东省地方立法条例	第七十六条	有下列情形之一的,省人民代表大会常务委员会应当组织进行地方性法规清理: (一)全国人民代表大会常务委员会、国务院或者法律、行政法规要求进行清理的; (二)国家制定、修改或者废止法律、行政法规后,地方性法规与上位法不一致的; (三)地方性法规不适应经济社会发展需要的; (四)其他需要进行清理的情形。 对现行有效的地方性法规进行清理,可以采用集中修改或者废止的方式,对多件地方性法规一并提出修改案或者废止案
江苏省制定和批准地方性法规条例	第七十六条	专门委员会、常务委员会工作机构和有关部门、单位应当对地方性法规进行定期清理,发现地方性法规内容与法律、行政法规相抵触,与本省其他地方性法规不协调,或者与现实情况不适应的,应当提出修改或者废止地方性法规的意见和建议。 地方性法规施行后上位法制定、修改或者废止的,法规规定的省有关主管机关应当及时对地方性法规进行清理,提出是否修改或者废止地方性法规的意见和建议。 修改或者废止地方性法规的意见和建议,由法制工作委员会组织研究论证,确需修改或者废止地方性法规的,报经主任会议同意,列入立法计划
福建省人民代表大会及其常务委员会立法条例	第五十六条	对现行有效的地方性法规进行清理,可以采用集中修改或者废止的方式,对多部法规一并提出法规修改或者废止案

续表 3

名称	条款	内　容
甘肃省地方立法条例	第六十四条	地方性法规一般每五年至少进行一次全面清理。法规清理实行谁主管实施、谁负责清理,并将清理情况的报告送常务委员会法制工作机构和常务委员会有关工作机构,由常务委员会法制工作机构汇总后向常务委员会主任会议报告。 　　法律、行政法规出现新颁布、新修改或者废止等情况后,相关机构、部门应当及时对涉及本系统、本部门的地方性法规进行清理,并将清理情况和是否修改、废止的意见,在每年十月底前向常务委员会法制工作机构和有关工作机构报告。 　　省人民代表大会常务委员会有关工作机构负责对口联系单位、部门的法规清理工作的督促、检查和指导工作
内蒙古自治区人民代表大会及其常务委员会立法条例	第七十六条	常务委员会工作机构,应当根据各自职责范围分别对有关地方性法规定期进行清理。发现地方性法规内容与法律、行政法规不一致,与现实情况不适应,或者与相关地方性法规不协调的,应当及时提出修改或者废止的意见,向常务委员会主任会议报告
北京市制定地方性法规条例	第五十六条	市人民代表大会常务委员会应当健全法规清理工作制度,建立法规清理工作的组织协调机制。 　　承担法规清理工作的常务委员会工作机构应当根据法律、行政法规制定、修改和废止的情况,对不符合上位法规定或者不适应改革要求的法规进行清理,提出处理意见
天津市地方性法规制定条例	第五十八条	市人民代表大会常务委员会应当根据法律、行政法规或者经济社会发展需要,及时组织市人民代表大会专门委员会、常务委员会工作机构、市人民政府有关部门和相关组织清理地方性法规

续表 3

名称	条款	内 容
上海市制定地方性法规条例	第五十五条	市人民代表大会各专门委员会和常务委员会各工作机构,应当根据各自的职责范围,适时对有关地方性法规进行清理,提出意见,由常务委员会法制工作机构进行汇总,向主任会议提出清理情况的报告;对法规的内容与法律、行政法规相抵触,与现实情况不适应,或者与相关法规不协调的,应当提出修改或者废止的建议
重庆市地方立法条例	第七十八条、第七十九条	第七十八条 有下列情形之一的,市人大常委会应当组织法规清理工作: (一)全国人民代表大会常务委员会、国务院或者法律、行政法规要求进行清理的; (二)国家制定、修改或者废止法律、行政法规,涉及较多法规,需要进行清理的; (三)因经济社会发展,有较多法规存在明显不适应情形,需要进行清理的; (四)市人大常委会认为需要进行清理的。 第七十九条 市人大常委会可以组织市人大有关专门委员会和市人大常委会工作机构,根据各自职责范围对法规进行清理并提出意见,也可以委托高等院校、科研机构对法规进行清理并提出意见。法规清理意见由法制委员会进行汇总,向主任会议提出清理情况的报告。 法规的内容与法律、行政法规相抵触,与相关法规不协调或者与实际情况不适应的,应当提出修改或者废止的意见,由主任会议决定是否列入年度立法计划

二、省、自治区的人民政府所在地的市(省会市)

名称	条款	内 容
沈阳市制定地方性法规条例	第六十八条	常务委员会应当根据法律、行政法规、省地方性法规的制定或者修改情况,以及本市地方性法规实施的具体情况,及时对地方性法规进行清理。 法规清理的具体工作由常务委员会法制工作机构组织实施

续表 3

名称	条款	内　　容
石家庄市制定地方性法规条例	第七十五条、第七十六条	第七十五条　法规生效施行后,相关上位法发生变更的,法规的原起草责任单位应当在新的上位法生效施行前,完成相关法规的清理工作,并向常务委员会法制工作机构提交清理结果的报告。 第七十六条　市人民代表大会专门委员会和常务委员会各工作机构,应当根据各自的职责范围,采取即时清理与全面清理、专项清理相结合的方法,适时对有关地方性法规进行清理,提出意见,由常务委员会法制工作机构进行汇总,向主任会议提出清理情况的报告;对法规的内容与法律、行政法规相抵触,与现实情况不适应,或者与相关法规不协调的,应当提出修改或者废止的建议
太原市立法条例	第六十九条	市人民代表大会常务委员会应当根据法律、行政法规和山西省地方性法规的制定或者修改情况,以及本市地方性法规实施的具体情况,及时对本市地方性法规进行清理
杭州市立法条例	第五十八条	常务委员会应当根据需要及时组织开展地方性法规清理工作
南京市制定地方性法规条例	第六十八条	专门委员会、常务委员会工作机构和有关部门、单位应当对地方性法规进行定期清理,发现地方性法规内容与上位法相抵触,与本市其他地方性法规不协调,或者与现实情况不适应的,应当提出修改或者废止地方性法规的意见和建议。 地方性法规施行后上位法制定、修改或者废止的,法规规定的市有关主管机关应当及时对地方性法规进行研究,提出是否修改或者废止地方性法规的意见和建议。 修改或者废止地方性法规的意见和建议,由法制工作委员会组织研究论证,确需修改或者废止地方性法规的,按照程序规定列入立法计划

续表 3

名称	条款	内 容
福州市人民代表大会及其常务委员会立法条例	第五十三条	对本市现行有效的地方性法规进行清理,可以采用集中修改或者废止的方式,对多部法规一并提出法规修改或者废止案
广州市地方性法规制定办法	第六十八条	法制工作委员会应当根据实际情况对已经生效施行的地方性法规定期进行清理,提出处理的意见。 地方性法规清理情况以及处理意见,应当向主任会议报告。经主任会议同意的地方性法规清理意见,作为地方性法规制定计划立项或者调整的依据之一
海口市制定地方性法规条例	第六十条	市人大常委会应当根据法律、法规或者经济社会发展需要,及时组织市人民代表大会专门委员会、市人大常委会工作机构、市人民政府有关部门和相关组织清理地方性法规
成都市地方立法条例	第七十六条	地方性法规、规章生效施行后,相关上位法发生变更的,原起草责任单位应当在新的上位法生效施行前,完成相关法规、规章的清理工作,并向常务委员会法制工作机构、市人民政府法制工作部门提交清理结果的报告
贵阳市地方立法条例	第五十三条	本市地方性法规清理可以采取以下方式: (一)按照国家或者省的统一部署进行集中清理; (二)根据本市经济社会发展和重大改革的需要进行专门清理; (三)根据每年上位法的制定、修改或者废止等情况进行定期审查

续表 3

名称	条款	内容
呼和浩特市人民代表大会及其常务委员会立法条例	第五十五条	市人民代表大会各专门委员会和常务委员会各工作机构,应当根据各自职责范围分别对有关地方性法规进行清理,提出意见,由常务委员会法制工作委员会进行汇总,向常务委员会主任会议提出清理情况的报告。 对地方性法规的内容与法律、行政法规、自治区地方性法规相抵触的、与现实情况不适应,或者与相关法规不协调的,应当提出修改或者废止的意见,由常务委员会主任会议决定是否列入年度立法计划。 市人民政府、市中级人民法院、市人民检察院及其他部门可以根据地方性法规实施情况向市人民代表大会常务委员会提出对地方性法规清理的意见和建议
拉萨市制定地方性法规条例	第十条	市人民代表大会专门委员会和常务委员会工作机构,应当在各自职责范围分别对有关地方性法规进行清理,提出意见,由常务委员会工作机构进行汇总,向主任会议提出清理情况的报告。对法规的内容与法律、法规相抵触,与现实情况不适应,或者与相关法规不协调的,应当提出修改或者废止的意见,由主任会议决定是否列入年度立法计划。 市人民政府、市中级人民法院、市人民检察院,应当根据法规实施情况向市人民代表大会常务委员会提出法规清理的意见和建议
南宁市地方性法规制定条例	第七十二条	立法调研、立法评估、法规清理等立法相关活动可以委托第三方进行

第二章
地方性法规清理的缺陷及其成因

第二章 地方性法规清理的缺陷及其成因

在法律层面为地方性法规清理寻找原则性的依据,不难发现,《立法法》(2000年)第六十四条肯定了地方立法机关可以"及时予以修改或者废止",但是此条规定太过笼统、原则,缺乏可操作性。与之相比,各省级人大对地方性法规清理的规定则相对详细具体。例如,《河北省地方立法条例》(2001年)第六十七条规定:"省人民代表大会常务委员会各工作机构和省人民政府各有关部门,应当按照各自的职责范围分别对有关地方性法规进行经常性的清理,发现地方性法规内容与法律、行政法规规定不一致、与现实情况不适应或者与本省相关地方性法规规定不协调的,应当按照本条例第十一条规定的程序及时提出修改、暂停施行或者废止的意见,由法制工作委员会汇总,报经常务委员会主任会议同意,列入年度立法计划。"《安徽省人民代表大会及其常务委员会立法条例》(2001年)第六十三条规定:"省人民代表大会有关的专门委员会或者常务委员会工作委员会应当对相关的地方性法规进行检查,发现与宪法、法律、行政法规相抵触或者与本省法规不一致的,应当向主任会议提出修改或者废止的建议,由主任会议决定提请常务委员会会议审议。"《上海市制定地方性法规条例》第五十五条规定:"市人民代表大会各专门委员会和常务委员会各工作机构,应当根据各自的职责范围,适时对有关地方性法规进行清理,提出意见,由常务委员会法制工作机构进行汇总,向主任会议提出清理情况的报告;对法规的内容与法律、行政法规相抵触,与现实情况不适应,或者与相关法规不协调的,应当提出修改或者废止的建议。市人民政府及其工作部门、市高级及中级人民法院、市人民检察院及其分院,应当根据地方性法规实施情况向市人民代表大会常务委员会提出清理法规的建议。"这些相对详细具体的规定为各地地方性法规清理工作的展开提供了法律依据,做到了"有法可依"。但就全国而言,仍缺乏统一的地方性法规清理的标准、范围、程序,各地运行的地方性法规清理实践,隐藏着共性的大大小小的问题,主要有清理启动程序较为随意、清理工作与相关制度互动不足以及清理过程中公众有效参与不足等。造成这些问题的原因是多方面的,笔者认为,主要是由于定期清理机制缺失、主动清理不足、清理信息公开不充分及公众参与实效不足等。

第一节 地方性法规清理的缺陷

目前,各地在进行地方性法规清理过程中暴露出了不少问题,并且很多都是共性的,主要表现在如下几个方面。

一、清理启动较为随机

启动是地方性法规清理程序的开端,对整个地方性法规清理工作至关重要。实践中,由于启动时机和启动主体的设置上存在诸多问题,给后续清理工作的顺利开展带来不少隐患。

第一,过度依赖不定期清理。作为一种审查和监督方式,地方性法规清理实际上具有地方性法规的"清除"与"修复"功能。因此,何时启动地方性法规清理就显得尤为重要,太早或太迟都会造成清理工作力有不逮,地方立法主体应当掌握地方性法规的运行规律,在其生命周期内进行常态化的"体检"。然而,从各地清理运行实践来看,地方性法规清理的启动显得较为随意,各种问题显露无遗。一方面,运动式清理多。实践中各地清理工作的启动,大多是国家改革情势变化的配套活动,例如,2001年,为使我国适应加入WTO的需要,中共中央办公厅、国务院办公厅发布《关于适应我国加入世界贸易组织进程清理地方性法规、地方政府规章和

第二章 地方性法规清理的缺陷及其成因

其他政策措施的意见》；2004年,因为《行政许可法》的颁布,各地相继发布贯彻实施行政许可法清理地方性法规的议案；2009年,为实现"到2010年形成中国特色社会主义法律体系"的目标,各地再次进行大规模的地方性法规清理；2011年,为保障《行政强制法》的有效实施,全国人大法工委发布《关于做好地方性法规中有关行政强制规定清理工作的通知》；2014—2016年的行政审批事项清理以及2017年因祁连山生态事件爆发最终引发的"生态环境保护清理"等等均是如此,这几次大规模的地方性法规清理工作的启动均是由于国家政策的需要或者因为上位法的出台等原因。很明显,由于国家这种动态的改革,使地方性法规清理的启动变得极为随机、运动,没能形成常态化与定期化。清理启动间隔时间从两年到五年不等,造成清理启动难以把控,清理机制也变得不规律和不确定。随着地方性法规数量的逐年增加,地方性法规的过时与冲突等问题也越来越多,不定期清理虽然可以解决实际中的突出问题,但不能避免地方性法规清理不及时的问题。另一方面,清理启动的随机性也带来了另一个问题,那就是清理启动滞后。地方性法规清理受制于国家改革和政策变化,本身就是对法律体系构造的一种忽视。众所周知,根据法制统一原则,如果国家法律、行政法规的内容发生变动,地方立法主体也就必须及时启动地方性法规的启动修改程序,从而使地方性法规与上位法保持相对一致,以此保证国家法律体系的科学与统一。但现实中地方性法规清理启动一味追随国家改革,缺乏对法律体系运行秩序的考量,使得地方性清理变得愈发滞后。我国社会经济快速发展的实际情况,决定了地方性法规清理应当是一项经常性开展的工作。因此,在地方性法规清理的启动上,我们应当注重进行常态化的定期清理,而不能驻足于不定期的大规模的全面清理与专项清理。

第二,启动主体设定不够多元。上文也谈到,作为一种具有立法活动性质的工作,地方性法规清理的启动主体有严格的限定,即必须是享有地方立法权限的省级人大及其常委会以及设区的市的人大及其常委会。但是这一理念在现实中被作了片面化、狭隘的理解,认为地方性法规清理的启动只能由地方人大进行,忽视了其他相关主体特别是社会公众的清理诉求。实际上,地方性法规清理的启动是有主动和被动之分的,它可以是享有地方性法规清理启动权的主体主动启动,也可因其他相关主体的动议而启动。也就是说,地方人大及其常委会的启动权与其他相关主体享有的建议启动权是可以同时存在的。然而从各地实践来看,因社会公众动议从而启动地方性法规清理的情况难得一见。虽然也有少数地方赋予了社会公众提出建议的权利,如《吉林省地方立法条例》规定"国家机关、社会团体、企业事业组织以及公民,可以向常务委员会提出法规清理的建议"①,但实际上清理的启动基本都是由地方人大常委会和地方政府所主导,作为利害关系人的社会公众的提请建议权被直接忽视。提高立法的科学化和民主化水平,是中央在推进全面依法治国新形势下对立法工作提出的新要求,对公众在地方性法规清理启动中建议权的漠视,很有可能使地方立法机关将地方性法规清理变为"自导自演"的游戏。此外,这种忽视社会公众立法需求的地方性法规清理模式,也可能会造成清理供给与立法需求的完全脱节。

二、清理工作与相关制度衔接不足

在地方性法规清理工作中,为增强清理工作的针对性与科学性,应多方面地掌握地方性法规的具体实施情况,通过不同的途径获取对地方性法规清理的意见与建议,从而及时启动地方性法规清理工作。但是,从已经开展过的几次大规模的地方性法规清理可以看出,清理启动原因相对单一,被动性比较明显,清理工作的启动多是由于国家政策的变化或者出

---

① 从对61个省、自治区、直辖市以及省会市的相关地方立法条例的梳理可以发现,仅有《吉林省地方立法条例》第七十二条明确规定了"公民"可以提出法规清理的建议。

台新的上位法的原因,很少通过与其他相关制度的联动发现地方性法规的问题并提出启动清理的意见建议,没有形成地方性法规清理与执法检查、立法后评估、司法建议等相关制度之间的有效衔接,继而为地方性法规清理提供更多有效的事实根据,清理工作与相关制度之间的良性互动存在明显的不足。

三、清理中的公众有效参与不足

"在传统社会,政策参与对公众来说是一种奢侈品,他们很多时候是被排除在外的。在中国,'民可使由之,不可使知之'成为千年古训。在这种情况下,民众的参与充其量是经过君臣的私访来实现,而这又是官方惧怕'水可覆舟'之后果而采取的预应措施。"[①]可以看出,缺乏民主是我国传统社会的一种常态。在现代法治社会,不仅制定地方性法规需要民主,地方性法规清理也必须如此,要通过多种途径和方式保障公众参与地方性法规清理的权利,因为"有效的公众参与是普通公众实现民主参与和自我管理的重要途径,也是不妥协的追求"[②]。社会主义法治国家建设需要全体人民的共同参与,这是科学立法、立法民主的应有之义,但现实中利用法治思维和法治方式推进工作还未得到很好的运用,"公众的参与不是被看做权利,而是政府权力的恩赐"[③]。地方性法规与人们的生活密切相关,涉及多方面的切身利益,不仅影响大,而且有时候还会有意见分歧。通过公众的有效参与,可以增加地方性法规清理的民主性从而使其获得正当性,同时,通过实现公众与地方立法机关之间有效的信息互通,在回

---

① 章剑生.行政程序法基本理论[M].北京:法律出版社,2003:251.
② 周江评,孙明洁.城市规划和发展决策中的公众参与——西方有关文献及启示[J].国外城市规划,2005(4):41-48.
③ 许玉镇,李晓明.论立法民主参与中公众代表的代表性——以行政方法中的行政相对方为例[J].社会科学战线,2010(7):179-184.

应公众立法需求过程中可以增加地方性法规清理的科学性,因而,在地方性法规清理中强调公众参与具有非常重要的价值。但现实中,虽然"开门清理"貌似已成为一种不可阻挡的潮流,具体"开门清理"的效果却不佳,无论是地方性法规清理的信息供给,还是公众的参与意识、参与积极性、参与程度以及参与实效等都不尽如人意,如清理过程中征求意见的实质功能渐渐滑向形式上的信息公开、网上征集清理意见系统闲置以及在信息网络时代对老年参与群体关注不均衡等。种种问题导致公众参与对地方性法规清理的积极影响非常有限,使地方性法规清理在更多时候沦为一种体制内的自我循环。

■ 第二章 地方性法规清理的缺陷及其成因 ■

第二节 地方性法规清理缺陷的成因

地方性法规清理之所以存在以上诸多缺陷,是由多方面的原因造成的,有制度上的原因,有清理机关自身的原因,也有地方性法规清理工作实践中的不足等等。

一、定期清理机制缺失

社会经济的快速发展以及享有地方立法权限的主体数量增多,使地方立法与现实之间存在着一定的紧张关系,地方性法规本身及适用中的问题也是层出不穷,因而有必要定期进行清理,以解决地方性法规中存在的"硬伤"。但是,地方性法规的清理不能"运动化",清理工作不能如"疾风骤雨"一般。实践中,"我国立法机关经常采用大规模的集中清理方式废止一些法律法规,这是一种典型的'运动式立法'。虽然这种方式可以一次性解决较多、较大问题,但这种方式容易造成'立、改、废'的脱节,而且由于数量众多,资料失散等原因,工作耗时费力,也容易出现疏漏"[①]。所以,科学的地方性法规清理,应当在清理工作中能够形成一套合理的、常态化的定期清理机制,尤其是对于那些"相抵触"的问题,地方性法规清理更要制度化。比如,在有关上位法出台以后,应当规定在一定时期内,严格逐条审查相关地方性法规是否存在与上位法相抵触之处。笔者曾请教过江苏省人大常

---

① 汪全胜,金玄武.论立法后评估回应之法的废止[J].北京行政学院学报,2009(5):74-79.

委会法工委王腊生主任,他指出,缺少定期清理机制不仅本身是我们国家地方性法规清理工作中存在的一个突出的问题,同时也是其他诸多清理问题存在的重要原因。目前由于地方立法任务沉重,很多也是疲于奔命,导致了地方性法规定期清理工作在一定程度上被忽视。

二、主动清理不足

从各地开展的地方性法规清理工作来看,我国地方性法规清理模式主要是以被动清理方式为主。此种模式的"革命"色彩浓厚、"运动化"形式明显,虽然其优势是在短期内能够解决社会中的突出问题,快速减小社会矛盾,具有一定的规模效应,但是这种清理方式具有比较大的缺陷,就是它在拥有短期效应的优势下不能及时地解决"问题"法规,不能将它们及时地清理出法律队伍,而且,这种模式还无法避免地方利益、部门利益之间的相互牵制,导致地方性法规清理工作的成本过高。另外,从清理的启动来看,几乎每一次大规模的地方性法规的清理都是因为配合中央的统一部署才得以进行,清理的启动带有强烈的"法定性",没有实现日常化和制度化。各地方立法主体缺乏对地方性法规进行清理的主动意识,清理工作也就相对被动。虽然《行政强制法》《行政许可法》在法律条文中设置了"清理条款"①,

---

① 《行政强制法》第十五条规定:"行政强制的设定机关应当定期对其设定的行政强制进行评价,并对不适当的行政强制及时予以修改或者废止。行政强制的实施机关可以对已设定的行政强制的实施情况及存在的必要性适时进行评价,并将意见报告该行政强制的设定机关。公民、法人或者其他组织可以向行政强制的设定机关和实施机关就行政强制的设定和实施提出意见和建议。有关机关应当认真研究论证,并以适当方式予以反馈。"《行政许可法》第二十条规定:"行政许可的设定机关应当定期对其设定的行政许可进行评价;对已设定的行政许可,认为通过本法第十三条所列方式能够解决的,应当对设定该行政许可的规定及时予以修改或者废止。行政许可的实施机关可以对已设定的行政许可的实施情况及存在的必要性适时进行评价,并将意见报告该行政许可的设定机关。公民、法人或者其他组织可以向行政许可的设定机关和实施机关就行政许可的设定和实施提出意见和建议。"

但是，以上两个法律中的制度设计终究未能在现实中形成惯例，缺乏规范系统化的运作。过于单一的地方性法规清理模式加上被动的清理意识，导致各地地方性法规清理效果大打折扣。

三、公众参与机制不健全

"现代法治的必然要求是公众不应被视为权力和规范的承受群体，而应当扮演参与者和建构者的角色。"[①]公众参与立法有助于民主立法基本功能的实现，也有助于提升政权合法性的基础政治功能，因此国家大力提倡包括地方性法规清理在内的公众参与。由于地方立法主体对国家战略的无从选择，同时由于公众参与在某种意义上能分担地方立法主体的责任，所以地方立法主体也会在国家制度框架内对公众参与进行一定的引导，但由于地方性法规清理涉及权利义务的再分配，其引起的本能抵触会让清理主体将清理中公众参与的主导权尽可能多地掌握在自己的手里，而这种由清理主体主导的公众参与模式，不可避免地带来了以下问题：第一，公众参与清理的方式受制于清理主体。虽然《立法法》对公众参与方式有所列举，但实际中公众是具体完成了"实质参与"还是只是享受了"形式参与"则由清理主体决定。第二，公众参与清理的进程受制于清理主体，如公众对参与人员的类型选择以及代表性的确定上没有话语权。第三，清理草案多由清理主体提供。虽然实践中也有委托第三方清理，但终究不是一种惯例而成为普遍现象，由清理主体直接提供清理草案，会让公众在心理上形成对草案"先入为主"的思维，影响了公众在清理中的"实质参与"。第四，缺乏公众参与结果的反馈机制。实践中，公众参与多为单向输出而非与清理主体的双向互动，意见提出后参与活动实质上也就终止了，公众的意见是否被采纳则无从知晓。

---

① 狄骥.公法的变迁[M].郑戈，译.北京：商务印书馆，2013：42.

第三章
地方性法规清理的完善

总体来说,我国地方性法规清理工作消除了不少地方性法规之间存在的各种问题,有效地维护了法律体系及国家法制的统一。但从上文分析可知,目前地方性法规清理工作还存在着比较多的问题。地方性法规清理工作是一项重要的法制建设任务,为使我国地方性法规体系更加系统化和科学化,使法规更具操作性、法规之间更加协调,必须对地方性法规清理机制进行一定的完善,以进一步发挥其在社会经济发展中的保障作用,保证各地地方性法规的有效实施。

第一节 建立定期清理的长效机制

地方立法是一个动态变化的过程,因而地方性法规的变动性是绝对的,稳定性是相对的。地方性法规清理作为完善国家法律体系的一种方式,本身是有章可循的,它以地方性法规的稳定性与适应性之间达成妥协的平衡,以此适应地方经济社会的发展,发挥地方性法规的最大效用。因此,建立定期清理的长效机制无疑是一种最佳选择。为建立清理的长效机制,使地方性法规的清理工作得以制度化,清理应当由现在的"运动化"转向"常态化",以多种清理方式互为补充,从多方面健全清理长效机制,及时清理与社会经济发展不相适应的地方性法规,避免地方性法规清理变得"积重难返"。建立定期清理长效机制的最大优势在于,使地方性法规能符合其自身的运行规律,有效克服不定期清理下的无序状态,在最佳时间进行地方性法规清理,也能够避免清理的滞后及资源浪费,这也是地方性法规清理实现法治化的关键。

一、定期清理的启动

地方性法规清理的工作量大,清理的技术要求也比较高,每年都进行主动的地方性法规清理工作难度较大,现实中也难以执行。但是,地方性法规清理的周期又不能过长,否则会造成一些"超龄法规""暂行规定"等"问题"法规不能得到及时处理。为了避免地方性法规清理工作的滞后性,及时消除地方性法规中存在的不协调、不适应、可操作性不强等问题,为地方性法规清理工作确定大致的周期则就必不可少了。既然建立定期清理长效机制的关键是确定定期清理的周期,那么到底几年进行一次清理才符合地方性法规运转的生命周期呢?有学者提出,"结合地方人大常委会五年任期制的特点,大致上五年左右清理一次现行地方性法规是可行的,即每届常委会任期内清理一次。一般情况下,清理的时机宜选在任期的第三、四年,以便在第五年可以集中力量进行清理后的修订工作。凡是条件具备的,应当争取在本届任期内修改完毕,少量条件不具备的,可顺延到下一届再安排修改"[①];"大部分地方性法规的适应期限约在5~10年,对于颁布超过5年的法规应当及时进行评估、修改,对于超过10年的法规则应当进行全面的修改或者适时废止"[②]。实际中也有个别地方的立法条例对清理周期作出明确规定,如《甘肃省地方立法条例》第六十四条提出:"地方性法规一般每五年至少进行一次全面清理。法规清理实行谁主管实施、谁负责清理,并将清理情况的报告送常务委员会法制工作机构和常务委员会有关工作机构,由常务委员会法制工作机构汇总后向常务委员会主任会议报告。"

---

① 刘铮.法治建设进程中的地方性法规再清理研究——侧重于浙江省的考察[J].安徽警官职业学院学报,2008,7(3):8-10.
② 刘风景.需求驱动下的地方性法规清理机制[J].内蒙古社会科学(汉文版),2018,39(6):83-87.

因社会在发展,总会有一些早年制定的地方性法规不再适应当前社会生活的发展,需要进行修改、调整或者废止。因此,地方性法规清理工作必须要长期坚持,并将其列为地方人大常委会的一项经常性工作。现代经济社会发展的速度快,地方立法进程也较快,地方性法规与现实的不一致、不适应等情况今后必定会不断出现,因此,地方性法规清理必须要定期化。根据地方人大每届任期年限,可以 3～5 年启动一次,在每届人大常委会任期时进行,对地方性法规进行定期"体检",为常态化的地方性法规清理提供制度保障,保证我国法律体系内部的协调与统一。

根据实践中地方性法规的一般适用期限,还可考虑引入动态淘汰机制,在地方性法规条文内部设置"日落条款",规定自行清理期限。"'日落条款'也称'落日条款',是指在立法中专门规定某一法律规范的有效期间,在有效期届满之前需要对其进行审查并重新确认其效力,否则该法律规范在有效期间届满时即如日落西沉般失效的条款。"[①]给地方性法规设定有效期,其实也是尊重地方性法规的生命周期规律,对那些实施期间确定、任务相对单一的地方性法规,应在文本中设置适用期限,等规定的期限一到,只要地方性法规制定主体没有作出延长期限的决定,地方性法规即自行失效。作为一种淘汰机制,"日落条款"的目的在于重申立法是一个动态变化的过程,通过设置有效期从而促动地方性法规能够实现实时革新,舍弃那些不合时宜或冗余的地方性法规,从而适应地方经济社会发展。

二、定期清理的审查内容

地方性法规定期清理程序启动之后,主体应当按照法定的程序,对地

[①] 黄锡生,谢玲.论环境标准制度中"日落条款"的设置[J].重庆大学学报(社会科学版),2016,22(1):152-158.

方性法规的内容进行审查,具体审查内容主要包括以下几个方面:合法性审查、适当性审查、技术性审查、可行性审查。

第一,合法性审查。在地方性法规清理工作启动之后,首先应当按照法制统一的原则,审查地方性法规是否与宪法相违背,具体包括违背宪法规定、宪法原则或宪法精神等问题。其次要审查地方性法规是否与法律、行政法规等上位法相抵触。所谓"相抵触"是指地方性法规内容违反法律或者行政法规等有关规定,包括违反了某一具体规定或者基本原则、基本精神。主要表现为以下几种情形:一是地方性法规直接违反了上位法的具体条款规定;二是地方性法规侵犯中央立法权限,相关事项应由国家立法予以规定;三是地方性法规违反了上位法的立法宗旨、指导思想或基本原则。以上几种抵触情况,不论是直接抑或间接,都是不被允许的。实践中,有地方人大对"相抵触"作了进一步的细化,如上海市从法权、法条和法意三个方面深入分析"相抵触"的含义,提出了具体判断标准,并要求不仅清理与直接的上位法相抵触的问题,还必须清理与《立法法》《行政许可法》《行政处罚法》等其他法律、行政法规规定相抵触的问题。

第二,适当性审查。除了对地方性法规进行合法性审查之外,还要进行适当性审查。合法性是制定地方性法规的最低要求,相比而言,适当性则是更高层次的要求。对于"不适当"的具体情形,应包括以下几种:要求公民、法人和其他组织执行的标准或者遵守的措施明显脱离实际的;要求公民、法人和其他组织履行的义务与其所享有的权利明显不平衡的;赋予国家机关的权力与要求其承担的义务明显不平衡的;对某种行为的处罚与该行为所应承担的责任明显不平衡的[①]。《立法法》第六条规定:"立法应当从实际出发,适应经济社会发展和全面深化改革的要求,科学合理地规定公民、法人和其他组织的权利与义务、国家机关的权力与责任。法律

---

① 冉艳辉.省级人大常委会对设区的市地方性法规审批权的界限[J].法学,2020(4):77-89.

规范应当明确、具体,具有针对性和可执行性。"相比而言,2019年颁行的《法规、司法解释备案审查工作办法》在第三十九条中对"不适当"情形的明确列举更有现实指导性,其具体内容为:"(一)明显违背社会主义核心价值观和公序良俗;(二)对公民、法人或者其他组织的权利和义务的规定明显不合理,或者为实现立法目的所规定的手段与立法目的明显不匹配;(三)因现实情况发生重大变化而不宜继续施行;(四)变通明显无必要或者不可行,或者不适当地行使制定经济特区法规、自治条例、单行条例的权力;(五)其他明显不适当的情形。"

第三,技术性审查。"立法技术是立法活动中所遵循的用以促使立法臻于科学化的方法和操作技巧的总称。"[1]技术性审查主要是从立法技术出发审查地方性法规是否存在问题,这种立法技术的审查,可以为地方立法工作总结积累经验,改进今后的立法工作,从而有助于提高地方立法质量。对地方性法规的技术性审查,主要有以下几点:一是审查地方性法规内部结构是否合理、逻辑是否严密。"地方性法规的条文应当符合法律规范的逻辑结构,所设定的假定条件、行为模式和法律后果在体系和内容上应具有完整性,要完整地规定有关主体、客体、行为、事件、结果等方面的内容。"[2]二是审查地方性法规用语是否符合立法语言规范,是否能够把地方性法规的内容精确又清晰地传递给适用对象。三是审查地方性法规是否具有较好的可操作性和现实指引性。

第四,可行性审查。地方性法规的可行性是指地方性法规所设定的目标,在一定条件下能够得以实现的可能性,属于预评估的范畴[3]。一部"良法"必须能为行为主体提供明确指引,能解决复杂社会关系中的实际

---

[1] 周旺生.立法学[M].北京:法律出版社,2000:453.
[2] 樊安,樊文苑.地方性法规立法的理念更新与路径选择——以科学立法原则为指引[J].学术交流,2020(12):91-101.
[3] 汪全胜.论立法的可操作性评估[J].山西大学学报(哲学社会科学版),2009,32(4):102-108.

问题。所以,地方立法主体应当从本地实际出发,根据特定要求和当前具备的客观条件,制定出能被实践检验、能够为现实生活提供有效指引和为纠纷解决提供裁判、执法依据的地方性法规。这要求地方立法能够反映本行政区域内的真实社会经济发展情况,能切实回应当地发展需求、合理预见发展走势,要对地方性法规所调整的社会关系、社会事物等问题把握得准,对相关情况掌握得实,真正体现人民意愿。同时,制定出来的地方性法规是否好用、是否管用,都需要通过社会实践来检验,要将地方立法主体的美好制度设想在具体实践中予以实现。而达成这个目标的途径,就是通过地方性法规的施行,将实然的事实与应然的法规相联结,从而产生一定的法律效果。这就是在地方性法规清理中要进行可行性审查的目的和价值所在。正如一些学者所言,使所立的法接受实践的检验还要求我们采取"试错法",定期或不定期地进行"立法回头看",努力对特定地方性法规的实施效果作出尽可能客观、准确的评测[①]。

三、定期清理的结果处理

根据清理的基本原则和审查内容对地方性法规进行审查、审议,是查找问题和寻求对策的过程,是地方性法规清理的技术性环节和重要基础。对地方性法规进行清理,不仅要全面查摆存在的各种问题,更要有针对性地提出解决办法,及时地转化、运用地方性法规清理结果。

第一,建议保留。经审查,对那些与上位法不抵触、符合国家有关制度改革要求、与地方经济社会发展相适应、符合立法技术规范的地方性法规,作出予以保留的建议。

第二,宣布实效。地方性法规内容存在如下情形的,地方性法规清理

[①] 樊安,樊文苑.地方性法规立法的理念更新与路径选择——以科学立法原则为指引[J].学术交流,2020(12):91-101.

机关应当宣布失效：一是地方性法规到达自身规定的失效时间的；二是地方性法规内容所规定的调整对象或主要规范事项已经不存在的；三是地方性法规内容已经过时的；四是其他失效情形。对于地方性法规的失效和废止，可以由地方性法规制定机关作出宣布法规失效或废止的决定，一揽子解决。

第三，建议废止。经审查发现地方性法规存在适用期已过、不符合国家有关制度改革的要求、内容滞后、先于上位法出台已被上位法覆盖、与地方经济社会发展严重不相适应以及部分条款与上位法相抵触等情形，应建议作出相应决定予以废止。地方性法规自废止之日起不再具有法律效力。实践中，经常被采用的废止方式主要有两种：一是制定新的地方性法规代替相同内容的原地方性法规，使原有法律文件自然失效，或者在新法规中载明终止旧法规的效力；二是颁布专门文件宣布终止某些地方性法规的效力，如湖南省 2020 年 6 月 12 日发布《湖南省人民代表大会常务委员会关于废止部分地方性法规的决定》，废止了包括《湖南省人民代表大会常务委员会工作条例》《湖南省城乡集贸市场管理条例》《湖南省酒类管理条例》在内的 9 部地方性法规。

第四，建议修改。该种处理方式适用于地方性法规在整体上仍然可以继续有效，但是部分条款需要作进一步修改的情形。如果经审查发现地方性法规需要修改，应当列明需要修改的具体条款，提出修改意见并说明修改原因。在地方性法规清理实践中，修改又分为两种：一是部分修改；二是专项修改。部分修改是指经审查发现多部地方性法规需要修改，并已经提出修改意见，建议作出相应决定，从而"打包"进行修改。如果在审查中发现部分地方性法规需要进行修改，但是受清理任务和时间的限制，修改的内容比较多，需要作深入的调研论证，应建议作出相应决定，要求有关方面进一步做好调研工作，待时机成熟后再进行专项修改。

通过清理并最终作出保留、修改或废止的决定，地方性法规清理的摸底与审查功能即已实现，但地方性法规清理工作并不能简单就此终结。

地方性法规清理的另一个重要的价值在于，通过清理，总结吸收经验教训，对那些受到良好评价、得到有效执行的地方性法规的立法经验继续发扬；对难以执行、实施效果差的地方性法规的立法教训加以总结，并在今后的立法中要尽量加以避免。从这个意义上来讲，对现行地方性法规进行清理，也是为其他地方性法规的制定打下基础。开展地方性法规清理，不但要发挥清理的摸底与审查功能，还要通过清理，梳理出地方性法规中存在的共性的问题，并对这些共性问题进行统计分析和归纳总结，发现地方性法规立、改、废的内在规律，从而提高地方性法规的质量。

第二节　加强地方性法规清理与相关制度的良性互动

为增强地方性法规清理工作的及时性与有效性,地方立法主体应当加强地方性法规清理与其他相关制度之间的良性互动,将地方性法规清理与执法检查、立法后评估、司法建议以及区域协同立法等制度相衔接,拓宽地方性法规实施情况的信息收集渠道,从多角度、多途径掌握地方性法规的实施情况并提出相对精准的清理意见建议,从而提升清理的科学性与实效。

一、加强地方性法规清理与执法检查的制度衔接

2007年1月1日,《中华人民共和国各级人民代表大会常务委员会监督法》正式施行,全国各级人大常委会的"执法检查权"首次在法律层面正式确认,并在第四章"法律法规实施情况的检查"中对执法检查的选题及计划、检查报告内容("对所检查的法律、法规实施情况进行评价,提出执法中存在的问题和改进执法工作的建议;对有关法律、法规提出修改完善的建议")作出明确规定,从此执法检查权获得明确授权和行为依据。执法检查作为把控法律实践情况的主要手段,既可以发现法律运行中的具体问题,也能汲取法律实践中的经验和教训,同时也为将来立法、修法的决策提供实践材料和经验支撑。如2018年5月全

国人大常委会对《中华人民共和国传染病防治法》实施情况进行了执法检查,2016年4月江苏省人大常委会就《中华人民共和国消费者权益保护法》和《江苏省实施〈中华人民共和国消费者权益保护法〉办法》贯彻实施情况开展执法检查,执法检查组通过听取汇报、实地查看、公布投诉电话和网上举报平台等多种形式广泛听取各方面意见和建议,指出困难和问题并提出完善措施。因此,在某种程度上,"执法检查构成了立法者了解'执法者和司法者在法律实践中的思考方式和轨迹'的重要管道,并可以对立法者因知识获取机制等问题而导致决策信息不周全所带来的立法疏漏产生一定程度的舒缓作用"①。

之所以需要加强地方性法规清理与执法检查的互动,是因为他们在完善法律法规制度设计目标上具有相似性,都有着维护法律的尊严、促进法律的贯彻执行的制度运行目的。通过执法检查,能发现影响法律施行效果的不利因素,包括不一致、不适应、不协调等问题,而地方性法规清理可以充分利用这些信息,对提高清理效果有着重要的参考价值。当然,对于执法检查报告的相关内容,在地方性法规清理工作中也要甄别适用,比如,通过执法检查认为需要进行配套法律法规的制定等建议,因为明显超出地方性法规清理的权限,因而就不具有参考性和可行性。

二、加强地方性法规清理与立法后评估的制度衔接

党的十八大以来,地方立法评估工作提上了日程,2015年修正的《立法法》在第三十九条和第六十三条对立法评估作了明确的规定,包括对表决前的立法草案评估和立法后评估。"所谓立法后评估,是指法

---

① 丁冬.全国人大常委会执法检查的制度自省意义——以《食品安全法》执法检查为切入点[J].长白学刊,2011(6):67-72.

律法规实施一段时间后,对其实施的成本、效果以及存在的问题,进行跟踪调查和综合评估。"①顾名思义,立法后评估发生在立法后,是对立法的价值、质量以及实施绩效等进行的系统评论与估价,进而在此基础上提供地方立法是否需要进一步修改、废止等完善的依据,能够有助于立法决策的科学化与理性化,引导立法注重实效。就立法后评估而言,也有很多称谓,如"立法回头看""立法后跟踪评估""立法质量评估"等,虽然目前没有形成一个十分明确的定义,但从其理论和实践来看,都是对法律实施后的效果进行评价②。全国人大常委会2010年立法工作计划中首次提出,"结合常委会执法检查中发现的问题和法律实施中出现的新情况新问题,有针对性地选择一到两件事关群众切身利益的法律,开展立法后评估试点工作,探索建立立法后评估工作机制"。2015年《立法法》修正时,在第六十三条规定,"全国人民代表大会有关的专门委员会、常务委员会工作机构可以组织对有关法律或者法律中有关规定进行立法后评估",明确提出了"立法后评估"这一概念,也是我国开展立法后评估最直接的法律依据。对于立法后评估的内涵,目前虽无统一界定,但其还是有以下几个必备因素:第一,立法后。这是对该制度时间维度的表述,即发生在法律法规制定以后。第二,参与主体。一般包括立法者、执法者、法学专家、法律工作者以及独立的评估机构。第三,评估方式。主要有问卷调查、实地考察、专题调研、座谈会、听证会等方式。第四,评估报告。"成文法应当提供尽可能多的规则,以保证其确定性,然而这与立法者的预见能力产生矛盾,受到立法者认识能力非至上性的限制而出现不周延性;成文法应当尽可能明确,以便执法者和守法者准确把握立法意图,然而,用有限的语词来描述无限发展的客观世界,模糊性就出来了;成文法应当保持相对稳定性,避免频繁地

---

① 雷斌.关于建立立法后评估制度的几点思考[J].人民之声,2007(6):25-27.
② 章挥.地方立法后评估制度研究[D].苏州:苏州大学,2010.

改动,然而,这又与飞速发展变化的社会需求产生矛盾,滞后性不可避免。"[1]同理,当一部地方性法规制定出来后,伴随着其立法目标和价值,还有和它与生俱来、难以避免的局限性,进行立法后评估与地方性法规清理也就在所难免了。

因为立法后评估与地方性法规清理有着相似的制度运行目标设计,所以在实践中,应将两者进行有效衔接,发挥两个制度的整体合力,实现共鸣共振。对于两者的衔接,应注意以下内容:第一,地方性法规清理与立法后评估之间的衔接不是单向的,而是互相推动与促进的。地方性法规清理可以充分利用立法后评估的相关成果,将其作为清理过程中的重要内容参考;同理,立法后评估同样能借助地方性法规清理的优势,除了利用其清理意见建议,还可以利用地方性法规清理作为立法活动的制度优势,实现立法后评估成果的现实转化。甚至有学者建议,"可以将立法后评估作为法规清理的前置程序之一,这样既可以避免以往在评估后缺失处置结论的尴尬,又能使法规清理增附更多的科学性、民主性"[2]。第二,在具体操作中,为保障衔接的有效和有序,要明确衔接的载体,如"立法后评估报告""地方性法规清理研究报告"。此外,还要明确衔接相关程序要素,如衔接具体流程、衔接内容以及衔接效力等。

当然,与执法检查不同,立法后评估是一种事后的跟踪调查与评估程序,其评估结果是一种评估主体对法律法规实施情况的评价和看法,所形成的评估结论仅具有参考性质,并没有法律上的约束力。此外,由

---

[1] 徐国栋.民法基本原则解释——以诚实信用原则的法理分析为中心[M].北京:中国政法大学出版社,2004:137-143.
[2] 赵立新.关于法规清理若干问题的探讨[J].人大研究,2013(6):41.

于繁简程度与参与深度①的不同,现实中行为主体更愿意选择执法检查而不是立法后评估,立法后评估的适用空间也会被执法检查挤占,因而以上两种制度与地方性法规清理的衔接实效也会存在较大差异。

三、加强地方性法规清理与司法建议的制度衔接

司法建议是指"人民法院在审判工作中,以预防纠纷和犯罪的发生为目的,对与案件有关但不属于人民法院审判工作所能解决的一些问题,向有关单位和管理部门提出的合理化建议,建议他们健全规章制度,堵塞漏洞,完善制度,消除不利因素"②。密切关注法律法规在运用过程中出现的问题,及时提出司法建议,是法院践行能动司法的重要方式。法院提出的高质量司法建议,"不仅能体现人民法院自身的管理水平,更重要的是,司法建议是人民法院大力推进审判延伸工作,服务经济发展的载体"③。但是,"就性质而言,司法建议只是一种建议,不具有法律效力"④,因而

---

① 执法检查报告都以"文字"呈现,基本按照"工作基本情况→成效→困难及问题→建议"的体例成型。立法后评估报告固然也存在着类似套路的体例,即"评估对象、评估目的→前期准备工作→评估情况→有关建议",可其中存在大量的"数据"和"图表",表里承载着各种相关数据,图则涵盖了柱状图、曲线图、饼状图等多种表现方式,有的还可能是图表一体,像《中华人民共和国科学技术进步法》立法后评估报告有 20 个图表之多,而且立法后评估还需要设计评估指标,明显加大了工作量和难度;立法后评估与执法检查相比,后者的制度设计与适用较早,又有细节性、可操作性条款予以支撑,在体制机制层面领导层能够亲自主动深度参与。(郑文睿.立法后评估的体系化思考:解构与重构[J].江汉论坛,2019(8):131-137.)
② 沈志先."审判职能"的延伸与提升——关于上海司法建议制度运行现状的实证分析[J].法律适用,2011(11):113-117.
③ 董礼洁,周欣.行政性司法建议的法定功能与事实功能[J].人民司法,2011(3):51-55.
④ 徐昕.司法建议制度的改革与建议型司法的转型[J].学习与探索,2011(2):96-98.

"有时,人民法院主动向相关部门发出司法建议书,但是,相关部门却无动于衷,'建议'发出后如石沉大海,这种'建'而不'纳'的现象,一定程度上挫伤了'建议'积极性……制约了司法建议工作和效能的发挥"①。2012年3月,最高人民法院发布《关于加强司法建议工作的意见》,要求各地人民法院要不断增强司法建议工作的自觉性,努力提升司法建议工作水平,并要求建立科学的管理机制,为司法建议工作提供保障。

2015年设区的市获得地方立法权后,享有地方立法权的主体骤然增多,但是这些新增的立法主体有无足够的立法水平制定不与上位法相抵触的地方性法规还有待实践的进一步检验,这在一方面增加了地方性法规抵触上位法的风险,同时也是一个会影响法制统一的新的因素。按照我国《行政诉讼法》第六十三条的规定,地方性法规可以作为法院审理案件的直接依据,因而法院在适用地方性法规解决纠纷的过程中,最有可能通过案件当事人的对立性诉求发现与地方性法规存在的相抵触、不一致、不协调等问题;同时,司法的专业性、法官的专业素养也最有能力判断上述问题的真伪。当然,在这里我们不参与法院有无权力审查地方性法规的理论之争,但是必须充分挖掘和利用最高人民法院《关于加强司法建议工作的意见》中相关规定的意义与价值,即"正确处理司法建议工作与审判执行工作的关系,坚持以做好审判执行工作为出发点,同时充分发挥司法建议延伸审判职能的作用。审判执行工作中发现有关单位普遍存在的工作疏漏、制度缺失和隐患风险等问题,人民法院应当及时提出司法建议"。借助司法建议,地方性法规清理主体能够准确、及时地发现地方性法规在实施中存在的问题,并根据地方性法规在司法中适用的具体情况提出更为精准的完善建议,从而提升地方性法规清理的针对性、有效性和科学性。这是加强地方性法规清理与司法建议制度相衔接的理论依据,

---

① 期待司法建议在社会管理创新中的新"建树"[EB/OL].(2012-03-30)[201-04-26].https://www.chinacourt.org/article/detail/2012/03/id/476692.shtml.

同时也是司法建议之于地方性法规清理的价值所在。不过,虽然《关于加强司法建议工作的意见》提出"人民法院应当及时提出司法建议",但在具体工作中,为提高地方性法规清理实效以及司法机关提出司法建议的积极性,清理主体必须给予司法建议足够的重视,在清理过程中做到主动向司法机关征求意见并积极吸纳。

四、加强地方性法规清理与区域协同立法的制度衔接

实施区域协调发展战略,是党的十九大报告确定的把我国建成社会主义现代化国家的重要部署。消弭区域间的立法冲突,加强区域间的立法合作已成为区域发展的一个重要且亟待解决的问题。"区域协同立法是我国地方立法领域出现的新兴概念,它是随着区域一体化发展及跨区域社会治理需要而提出的一种法治对策,是在特定区域范围内跨行政区的地方立法机关之间就区域性公共事务,在平等协商互利共赢的基础上共同展开区域性规则的制定、认可、变动的立法活动总称。"①区域协同立法是适应区域一体化发展的立法体制创新,能冲破不同行政区域之间的界线,就区域有关事务开展协同立法,有利于区域间制度资源的重新整合优化与利用,助推区域平衡和一体化发展。当前,我国区域协同立法主要有三种实践样态:以首都为中心与京津冀协同立法,长三角区域一体化与一体化协同立法以及多中心、准一体化的粤港澳大湾区协同立法②。区域协同立法体现的是各区域之间经济社会的协调、平衡发展问题,即使在短期内彼此间仍有竞争,但是未来的趋势必定是合作共赢、合作共治。基于当前区域协同立法还处在起始阶段,适时进行区域协同立法清理,既能

---

① 韩业斌.区域协同立法的合法性困境与出路——基于辅助性原则的视角分析[J].法学,2021(2):146-159.
② 贺海仁.我国区域协同立法的实践样态及其法理思考[J].法律适用,2020(21):69-78.

及时化解消除立法冲突,也能为今后的区域协同立法积累经验,进一步提高立法质量。因而,有必要加强地方性法规清理与区域协同立法的制度衔接,结合区域协同立法的制度特征,以地方性法规清理机制为参考,对清理主体、对象、标准以及结果处理等进行有针对性的设计,从而保障区域协同立法清理的实效。

第三节 完善地方性法规清理中的公众参与

伴随着我国法治建设的进程,"公众参与"一词已经成为我国政治生活和社会生活中使用频率较高的一个概念。地方立法公众参与的实质或其基本依据应当是人民主权,也即我国《宪法》明确规定的人民当家作主。法治建设需要全社会的共同参与,法治的根基在人民,只有全体人民信仰法治,国家和社会生活才能真正实现在法治轨道上平稳运行。作为现代立法的一项基本原则,立法民主是使地方性法规能够成为代表人民意志和根本利益的保证。从实践来看,公众直接参与地方立法,可以发挥地方立法的自主性,从而创制具有地方特色的地方立法。因此,无论是地方立法理论还是地方立法实践均已证明,地方性法规的适应性是由公众参与的程度来决定的,即地方立法的公众参与度越高,地方性法规的适应性就越强,反之,地方性法规的适应性就越弱。由于地方性法规清理具有立法性质,因而在清理过程中要做到广泛吸纳民意。"我们认为,立法部门应建立积极的社会需求回应机制,对社会主体提出的法的修改、法律废止的建议积极采纳,建立起广泛的社会主体立法参与机制,使我们的法做到该废的废、该改的改、该立的立,构建和谐的法律制度。"[1]当然,公众参与地

---

[1] 汪全胜,金玄武.论立法后评估回应之法的废止[J].北京行政学院学报,2009(5):74-79.

方性法规清理工作必须是在自愿的前提下，必须反映公众的真实意愿。当前，社会对公众参与机制缺乏足够的重视，虽然我国宪法规定了较多的民主权利，但是在实际上缺乏具体的相关制度予以保障。

一、实行"开门清理"

"如果一个政府真正是民有、民治、民享的政府的话，人们必须能够详细地知道政府的活动。没有任何东西比秘密更能损害民主，公众没有了解情况，所谓自治，所谓公民最大限度地参与国家事务只是一句空话。"[1] 人们常常讲要"开门立法"，因为立法一般牵涉面都比较广，涉及的问题又多与人民群众的切身利益密切相关。但现实中地方性法规清理过程中的公众参与却被社会相对忽视，人们会更关注新制定的地方性法规会对自身产生什么样的影响，却忽略了地方性法规清理带来的权利义务的改变。在清理过程中，要多方面听取公众的意见，问计于民、广纳善言，这是地方性法规清理工作效果和质量的保证。"只有一定区域内的选民真正行使民主的权利、真正参与立法，才能使立法成为形成这一区域内的共同意志的过程，才能使这种立法得到大家的遵守和信仰。"[2] 反之，如果公众无法获得足够的清理信息，缺少一定的心理介入，无法真正参与其中，则会对地方性法规清理持冷漠和无动于衷的态度，地方性法规清理的公众参与有效性就会大打折扣。因而我国《立法法》第五条规定："立法应当体现人民的意志，发扬社会主义民主，坚持立法公开，保障人民通过多种途径参与立法活动。"

要切实推动"开门清理"，维护公众参与权利，应当做好以下几方面工作：第一，加强地方性法规清理信息公开。公众有效参与地方性法规清理

---

[1] 王名扬.美国行政法[M].北京：中国法制出版社，2005：959.
[2] 刘小冰.国家紧急权力制度研究[M].北京：法律出版社，2008：219.

的前提和基本条件是公开清理信息。信息公开程度低，公众不能了解清理的背景情况，就很难对清理进行评价并提出意见建议。因此在进行地方性法规清理时，可设立专门的地方性法规清理信息动态发布平台，开通"地方性法规清理专辑"，及时公布地方性法规的清理标准、清理步骤、清理内容、清理目录、清理动态等相关信息，并利用现代网络、自媒体等平台进行相关信息的推送，切实提高地方性法规清理信息的覆盖面和公众对地方性法规清理工作的参与度。此外，还要加强对地方性法规清理结果的宣传力度，通过多种方式，对保留、修改、废止的地方性法规进行宣传，特别对废止的地方性法规，必须要说清理由，以达到地方法治建设的目的。强化清理信息公开，方便公众参与清理，是提高公众参与清理积极性的基础和前提，向公众公布的信息要完整、准确、通俗易懂，让公众熟悉和理解开展地方性法规清理的必要性、紧迫性、可行性以及清理后能解决的问题和可能出现的风险，从而让普通公众有能力参与，提高公众参与面和参与度。第二，创新公众参与的途径和手段，包括听证制度、专家参与制度、草案征求意见制度、立法助理制度等，切实提高地方性法规清理的科学化和精细化水平。虽然我国《立法法》确立了公众参与立法的基本原则，但是对公众参与的途径只是作了原则性和概括性的规定，即只规定了国家机关制定法规时"可以采取座谈会、论证会、听证会等多种形式"征求意见。因为这个"可以"只是一个准用性规范，而不是强制性规范，立法机构或部门完全可以自主地决定是否采用这些形式。对这些适用条件《立法法》也未作具体规定，没有确定各自的法律含义，以及在什么时间采用和如何采用。因此，为增强公众参与地方性法规清理程序的可操作性，将公众参与清理的途径、形式具体化、规范化和程序化，是保证地方性法规清理民主化和提高地方立法质量的必然要求。与美日国家相比，我国对公众参与规定的过于原则化，不利于地方性法规清理的公众参与。因此有必要加强对公众参与具体程序的设置，以提高公众参与的可操作性。在现代网络社会，清理机关要注重推进公众参与清理途径的智能化，如通过立法网站、手机应用软件等网络智能技术,包括开展网上听证,以提高公众参与的效率,同时也能保护和提高公众参与清理的积极性。第三,完善委托第三方参与清理。委托高等院校、科研机构等第三方对地方性法规进行清理,既可以充分发挥他们的深厚理论素养及中立性优势,同时还能借助第三方的中立地位来回应地方性法规清理过程中的"部门利益"和"地方保护主义",有效推动科学立法与民主立法。当然,实现地方性法规第三方清理从"有"转"优"且不形成过度依赖,还需要从以下几个方面予以积极稳妥推进,具体包括提升第三方的胜任力、地方人大掌控主导权、明确委托事项的临界线以及科学评估委托效果[①]。第四,推动律师群体参与地方性法规清理。之所以单独强调推动律师群体参与法规清理,主要是突出他们作为"实践派"与其他高校、科研机构等"学院派"的区别。地方性法规清理本身是一个专业性非常强的工作,律师群体不仅具备较强的洞察力和专业能力,此外,所谓实践出真知,律师参与法规实际运用的实践经验,能更容易发现地方性法规在实施中的问题,更容易发现地方性法规的立法缺陷。实践中,律师可以各级人大代表、政协委员身份或政府法律顾问、律协名义甚至以律师办理的"个案"来参与、推动地方性法规清理,发挥律师这样一个实践性很强的职业群体在地方性法规清理中的价值。

二、建立地方性法规清理公众参与的约束机制

首先,要保障公众实质参与地方性法规清理的权利。在地方性法规清理中,只有将理论上的形式公众参与转化为实践中的实质公众参与,公民的这项权利才能在地方性法规清理中发挥它的真正价值。为避免出现

---

① 李英.地方性法规从"有"转"优"的实施路径——地方人大委托第三方参与立法的实践考察[J].理论导刊,2016(11):12-16.

第三章 地方性法规清理的完善

"闭门清理",必须要从多方面为公众实质参与提供条件和便利。《立法法》在总则中第五条规定,"立法应当体现人民的意志,发扬社会主义民主,坚持立法公开,保障人民通过多种途径参与立法活动"。同时明确规定本法适用于地方性法规的制定、修改和废止。因为地方性法规清理属于广义上的立法,所以就意味着立法民主原则也适用地方性法规清理。但令人遗憾的是,《立法法》上这一原则性的条款,因缺少相应的责任追究机制,使作为立法民主原则在地方性法规清理中体现的公众参与,实践中更多时候演变成为一种政治口号。其次,要通过合理程序保障公众在地方性法规清理中的意见表达权。我国传统上存在着忽视程序和技术的普遍现象,而脱离程序和技术的支撑,很难将初衷美好的制度设计落到实处,因而有必要对公众参与地方性法规清理的程序和技术规则作进一步的细化,要进一步明确规定公众参与清理的人选和范围、参与方式以及参与过程中的相关要求和程序等。再次,要建立清理意见反馈机制,及时回应公众的意见建议与诉求。反馈机制的欠缺,不仅会影响公众的参与热情,还会使公众失去对国家民主立法的信赖,进而影响国家机关的公信力。对公众提出的清理意见建议,特别是那些不予采纳的,清理主体必须要进行充分的说理。目前理论界对司法裁判中的说理机制已达成共识,因为裁判文书涉及诉讼主体之间权利义务的重新配置,而地方性法规清理所引起的效力变动,是对更广大群体利益的再分配,因而也就更需要进行充分的说理。因为说理式回应既是清理主体充分尊重参与清理公众的身份和尊严,在某种程度上也是要求清理主体作出的回应必须是基于理性判断而不是恣意妄为的结果。如果清理主体对公众提出的建议特别是异议不作出回应,地方性法规清理也会因为欠缺正当性而难以被社会接受和认可。在征求意见阶段,清理机关对于那些参与积极性高、见解有研究价值的公众,可以邀请他们参加清理座谈会、论证会等,让他们了解清理工作的进程,从而进一步发表意见和建议。此外,考虑到地方性法规实施后就会对社会产生一定的影响,包括正面的以及负面的影响,所以还有必要建立地方性法规的公众评价反馈机制,对地方性法规的实施效果进行合理评价,并将结果反馈给清理机关,以便对地方性法规作进一步的修改和完善。最后,建立地方性法规清理相关审查机制,对清理中公众参与的方式、深度和广度、参与实效等进行一定的审查与监督,避免地方性法规清理中的公众参与流于形式。

三、建立地方性法规清理公众参与的激励机制

从根源上讲,公共理性的塑造、公众参与意识的建立与培养,才是解决地方性法规清理中公众形式参与问题的根本。"公共理性对于传统民主所面临的诸多困境的一大弥补便是通过强调公民个体理性的公共性以及培养公民的德性观念;同时,对于作为决策机制的民主而言,公共理性及其公共领域的建构也势必对于公共权力的行使进而在以公共利益或'公共的善'为目的的指引下进一步得到规范。"[①]人们虽然可以在较短时间内构建出一个法律制度,但是公共理性、法治文化和法治信仰的形成是一个长期过程,不能一蹴而就。对于当前地方性法规清理中公众参与实效性不足的问题,一个可行的办法就是建立地方性法规清理公众参与的激励机制,通过一定物质或精神上的奖励,正确引导公众参与的动机,切实提高和发扬公众参与清理的积极性和创造性。在这个过程中,开展清理以及相关激励信息的有效传递对切实推进公众参与起着非常重要的作用,这就要求清理主体要通过官网特别是微信公众号、微信群、QQ 群等公众常用的社交工具进行广泛信息宣传,扩大信息覆盖面。具体激励的方式包含物质激励和精神激励两种手段。如在组织座谈会、专家论证会时,可以给予参与者适当的报酬或补贴,激发他们的参与热情。但同时也要考虑好报酬或补贴的数额,以免出现公众参与清理的"唯利是图",导致

---

① 韩璞庚,张颖聪.公共理性与民主刍议[J].学术界,2019(12):94-99.

社会对公众参与清理的动机、参与者代表性的怀疑从而最终引发社会对地方性法规清理结果科学性、正当性的质疑。除了物质激励,对参与者进行精神褒奖也是一种手段。在美国,有一种以发起人的姓名命名法律的做法,如《谢尔曼法》《克莱顿反托拉斯法》《马格纳森-莫斯法案》,这种激励方式能有效提高议员提出议案的积极性。此种做法虽然目前在我国还实现不了,但其内在思路非常值得借鉴。在地方性法规清理公众参与过程中,可通过发放证书或给予官方层面的积极工作评价,以增强参与者的荣誉感和使命感,从而提升公众参与的实效。

结语

结语

  法治,不仅是规则之治,而且必须是良法之治。"良"不仅是道德层面的善良,也必须是功能和价值层面的良,其根本是经受社会正义、道德伦理、公序良俗以及专业和民意的多维度考量,是民主化的参与和博弈的结果。如果立法者所立之法不能代表民意、反映民心,不能对社会利益、公共利益予以有效保护,那么就无法获得社会的普遍认同和自觉遵守,也无法确立法的权威和地位,因而也就难以实现善治。习近平总书记指出,不是什么法都能治国,不是什么法都能治好国;越是强调法治,越是要提高立法质量。立法要立足国家的整体利益,要科学合理设定权利与义务、权力与责任,防止和克服地方保护主义和部门保护主义,保持法律体系内部的和谐一致。而地方性法规清理是立法工作的必然延伸和重要组成部分,是保障地方性法规有效实施的重要举措,也是维护国家法制统一的重要抓手。

  法律法规的制定需要先进的立法技术和严格的立法程序,以保证其预设功能不受其内部冲突的损害。但是,地方性法规清理并不仅仅是立法技术层面的问题,还涉及地方立法理念、涉及地方性法规与地方社会关系之间的调适。在今后的地方性法规清理工作中,如何逐步实现清理的制度化与常态化,如何将地方性法规清理置身于严格的立法程序以及有效的立法监督,如何让公众参与在地方性法规清理中真正发挥作用,还需要我们加以更多的深刻思考和实践探索。

  制度公正是实现社会公正的基础与重要途径,只有制度设计之间能够实现相互融通,才有希望实现更好的法治。

附 录

《中华人民共和国立法法》修改前后对照表

修改前	修改后
灰色底加框:删除内容	楷体下划线加粗:新增内容
第一章 总　则	第一章 总　则
第一条　为了规范立法活动,健全国家立法制度,建立和完善中国特色社会主义法律体系,保障和发展社会主义民主,推进依法治国,建设社会主义法治国家,根据宪法,制定本法。	第一条　为了规范立法活动,健全国家立法制度,**提高立法质量**,完善中国特色社会主义法律体系,**发挥立法的引领和推动作用**,保障和发展社会主义民主,**全面**推进依法治国,建设社会主义法治国家,根据宪法,制定本法。
第二条　法律、行政法规、地方性法规、自治条例和单行条例的制定、修改和废止,适用本法。 国务院部门规章和地方政府规章的制定、修改和废止,依照本法的有关规定执行。	第二条　法律、行政法规、地方性法规、自治条例和单行条例的制定、修改和废止,适用本法。国务院部门规章和地方政府规章的制定、修改和废止,依照本法的有关规定执行。
第三条　立法应当遵循宪法的基本原则,以经济建设为中心,坚持社会主义道路、坚持人民民主专政、坚持中国共产党的领导、坚持马克思列宁主义毛泽东思想邓小平理论,坚持改革开放。	第三条　立法应当遵循宪法的基本原则,以经济建设为中心,坚持社会主义道路、坚持人民民主专政、坚持中国共产党的领导、坚持马克思列宁主义毛泽东思想邓小平理论,坚持改革开放。
第四条　立法应当依照法定的权限和程序,从国家整体利益出发,维护社会主义法制的统一和尊严。	第四条　立法应当依照法定的权限和程序,从国家整体利益出发,维护社会主义法制的统一和尊严。

续表

修改前	修改后
第五条 立法应当体现人民的意志，发扬社会主义民主，保障人民通过多种途径参与立法活动。	**第五条** 立法应当体现人民的意志，发扬社会主义民主，<u>坚持立法公开</u>，保障人民通过多种途径参与立法活动。
第六条 立法应当从实际出发，科学合理地规定公民、法人和其他组织的权利与义务、国家机关的权力与责任。	**第六条** 立法应当从实际出发，<u>适应经济社会发展和全面深化改革的要求</u>，科学合理地规定公民、法人和其他组织的权利与义务、国家机关的权力与责任。 <u>法律规范应当明确、具体，具有针对性和可执行性。</u>
第二章 法　律	第二章 法　律
第一节 立法权限	第一节 立法权限
第七条 全国人民代表大会和全国人民代表大会常务委员会行使国家立法权。 　　全国人民代表大会制定和修改刑事、民事、国家机构的和其他的基本法律。 　　全国人民代表大会常务委员会制定和修改除应当由全国人民代表大会制定的法律以外的其他法律；在全国人民代表大会闭会期间，对全国人民代表大会制定的法律进行部分补充和修改，但是不得同该法律的基本原则相抵触。	**第七条** 全国人民代表大会和全国人民代表大会常务委员会行使国家立法权。 　　全国人民代表大会制定和修改刑事、民事、国家机构的和其他的基本法律。 　　全国人民代表大会常务委员会制定和修改除应当由全国人民代表大会制定的法律以外的其他法律；在全国人民代表大会闭会期间，对全国人民代表大会制定的法律进行部分补充和修改，但是不得同该法律的基本原则相抵触。

续表

修改前	修改后
第八条 下列事项只能制定法律： （一）国家主权的事项； （二）各级人民代表大会、人民政府、人民法院和人民检察院的产生、组织和职权； （三）民族区域自治制度、特别行政区制度、基层群众自治制度； （四）犯罪和刑罚； （五）对公民政治权利的剥夺、限制人身自由的强制措施和处罚； （六）对非国有财产的征收； （七）民事基本制度； （八）基本经济制度以及财政、<u>税收</u>、海关、金融和外贸的基本制度； （九）诉讼和仲裁制度； （十）必须由全国人民代表大会及其常务委员会制定法律的其他事项。	**第八条** 下列事项只能制定法律： （一）国家主权的事项； （二）各级人民代表大会、人民政府、人民法院和人民检察院的产生、组织和职权； （三）民族区域自治制度、特别行政区制度、基层群众自治制度； （四）犯罪和刑罚； （五）对公民政治权利的剥夺、限制人身自由的强制措施和处罚； **（六）税种的设立、税率的确定和税收征收管理等税收基本制度；** （七）对非国有财产的征收、**征用**； （八）民事基本制度； （九）基本经济制度以及财政、海关、金融和外贸的基本制度； （十）诉讼和仲裁制度； （十一）必须由全国人民代表大会及其常务委员会制定法律的其他事项。
第九条 本法第八条规定的事项尚未制定法律的，全国人民代表大会及其常务委员会有权作出决定，授权国务院可以根据实际需要，对其中的部分事项先制定行政法规，但是有关犯罪和刑罚、对公民政治权利的剥夺和限制人身自由的强制措施和处罚、司法制度等事项除外。	**第九条** 本法第八条规定的事项尚未制定法律的，全国人民代表大会及其常务委员会有权作出决定，授权国务院可以根据实际需要，对其中的部分事项先制定行政法规，但是有关犯罪和刑罚、对公民政治权利的剥夺和限制人身自由的强制措施和处罚、司法制度等事项除外。

续表

修改前	修改后
第十条 授权决定应当明确授权的目的、范围。 被授权机关应当严格按照授权目的和范围行使该项权力。（调整为新法第十二条） 被授权机关不得将该项权力转授给其他机关。（调整为新法第十二条）	第十条 授权决定应当明确授权的目的、事项、范围、期限以及被授权机关实施授权决定应当遵循的原则等。 授权的期限不得超过五年，但是授权决定另有规定的除外。 被授权机关应当在授权期限届满的六个月以前，向授权机关报告授权决定实施的情况，并提出是否需要制定有关法律的意见；需要继续授权的，可以提出相关意见，由全国人民代表大会及其常务委员会决定。
第十一条 授权立法事项，经过实践检验，制定法律的条件成熟时，由全国人民代表大会及其常务委员会及时制定法律。法律制定后，相应立法事项的授权终止。	第十一条 授权立法事项，经过实践检验，制定法律的条件成熟时，由全国人民代表大会及其常务委员会及时制定法律。法律制定后，相应立法事项的授权终止。
	第十二条 被授权机关应当严格按照授权决定行使被授予的权力。 被授权机关不得将被授予的权力转授给其他机关。（原第十条第二、三款移至此，有微调）
	第十三条 全国人民代表大会及其常务委员会可以根据改革发展的需要，决定就行政管理等领域的特定事项授权在一定期限内在部分地方暂时调整或者暂时停止适用法律的部分规定。

续表

修改前	修改后
第二节 全国人民代表大会立法程序	第二节 全国人民代表大会立法程序
第十二条 全国人民代表大会主席团可以向全国人民代表大会提出法律案,由全国人民代表大会会议审议。 全国人民代表大会常务委员会、国务院、中央军事委员会、最高人民法院、最高人民检察院、全国人民代表大会各专门委员会,可以向全国人民代表大会提出法律案,由主席团决定列入会议议程。	第十四条 全国人民代表大会主席团可以向全国人民代表大会提出法律案,由全国人民代表大会会议审议。 全国人民代表大会常务委员会、国务院、中央军事委员会、最高人民法院、最高人民检察院、全国人民代表大会各专门委员会,可以向全国人民代表大会提出法律案,由主席团决定列入会议议程。
第十三条 一个代表团或者三十名以上的代表联名,可以向全国人民代表大会提出法律案,由主席团决定是否列入会议议程,或者先交有关的专门委员会审议、提出是否列入会议议程的意见,再决定是否列入会议议程。 专门委员会审议的时候,可以邀请提案人列席会议,发表意见。	第十五条 一个代表团或者三十名以上的代表联名,可以向全国人民代表大会提出法律案,由主席团决定是否列入会议议程,或者先交有关的专门委员会审议、提出是否列入会议议程的意见,再决定是否列入会议议程。 专门委员会审议的时候,可以邀请提案人列席会议,发表意见。

续表

修改前	修改后
	第十六条 向全国人民代表大会提出的法律案,在全国人民代表大会闭会期间,可以先向常务委员会提出,经常务委员会会议依照本法第二章第三节规定的有关程序审议后,决定提请全国人民代表大会审议,由常务委员会向大会全体会议作说明,或者由提案人向大会全体会议作说明。
第十四条 向全国人民代表大会提出的法律案,在全国人民代表大会闭会期间,可以先向常务委员会提出,经常务委员会会议依照本法第二章第三节规定的有关程序审议后,决定提请全国人民代表大会审议,由常务委员会向大会全体会议作说明,或者由提案人向大会全体会议作说明。	<u>常务委员会依照前款规定审议法律案,应当通过多种形式征求全国人民代表大会代表的意见,并将有关情况予以反馈;专门委员会和常务委员会工作机构进行立法调研,可以邀请有关的全国人民代表大会代表参加。</u>
第十五条 常务委员会决定提请全国人民代表大会会议审议的法律案,应当在会议举行的一个月前将法律草案发给代表。	第十七条 常务委员会决定提请全国人民代表大会会议审议的法律案,应当在会议举行的一个月前将法律草案发给代表。
第十六条 列入全国人民代表大会会议议程的法律案,大会全体会议听取提案人的说明后,由各代表团进行审议。 　　各代表团审议法律案时,提案人应当派人听取意见,回答询问。 　　各代表团审议法律案时,根据代表团的要求,有关机关、组织应当派人介绍情况。	第十八条 列入全国人民代表大会会议议程的法律案,大会全体会议听取提案人的说明后,由各代表团进行审议。 　　各代表团审议法律案时,提案人应当派人听取意见,回答询问。 　　各代表团审议法律案时,根据代表团的要求,有关机关、组织应当派人介绍情况。

续表

修改前	修改后
第十七条 列入全国人民代表大会会议议程的法律案，由有关的专门委员会进行审议，向主席团提出审议意见，并印发会议。	第十九条 列入全国人民代表大会会议议程的法律案，由有关的专门委员会进行审议，向主席团提出审议意见，并印发会议。
第十八条 列入全国人民代表大会会议议程的法律案，由法律委员会根据各代表团和有关的专门委员会的审议意见，对法律案进行统一审议，向主席团提出审议结果报告和法律草案修改稿，对重要的不同意见应当在审议结果报告中予以说明，经主席团会议审议通过后，印发会议。	第二十条 列入全国人民代表大会会议议程的法律案，由法律委员会根据各代表团和有关的专门委员会的审议意见，对法律案进行统一审议，向主席团提出审议结果报告和法律草案修改稿，对重要的不同意见应当在审议结果报告中予以说明，经主席团会议审议通过后，印发会议。
第十九条 列入全国人民代表大会会议议程的法律案，必要时，主席团常务主席可以召开各代表团团长会议，就法律案中的重大问题听取各代表团的审议意见，进行讨论，并将讨论的情况和意见向主席团报告。 主席团常务主席也可以就法律案中的重大的专门性问题，召集代表团推选的有关代表进行讨论，并将讨论的情况和意见向主席团报告。	第二十一条 列入全国人民代表大会会议议程的法律案，必要时，主席团常务主席可以召开各代表团团长会议，就法律案中的重大问题听取各代表团的审议意见，进行讨论，并将讨论的情况和意见向主席团报告。 主席团常务主席也可以就法律案中的重大的专门性问题，召集代表团推选的有关代表进行讨论，并将讨论的情况和意见向主席团报告。

续表

修改前	修改后
第二十条 列入全国人民代表大会会议议程的法律案,在交付表决前,提案人要求撤回的,应当说明理由,经主席团同意,并向大会报告,对该法律案的审议即行终止。	第二十二条 列入全国人民代表大会会议议程的法律案,在交付表决前,提案人要求撤回的,应当说明理由,经主席团同意,并向大会报告,对该法律案的审议即行终止。
第二十一条 法律案在审议中有重大问题需要进一步研究的,经主席团提出,由大会全体会议决定,可以授权常务委员会根据代表的意见进一步审议,作出决定,并将决定情况向全国人民代表大会下次会议报告;也可以授权常务委员会根据代表的意见进一步审议,提出修改方案,提请全国人民代表大会下次会议审议决定。	第二十三条 法律案在审议中有重大问题需要进一步研究的,经主席团提出,由大会全体会议决定,可以授权常务委员会根据代表的意见进一步审议,作出决定,并将决定情况向全国人民代表大会下次会议报告;也可以授权常务委员会根据代表的意见进一步审议,提出修改方案,提请全国人民代表大会下次会议审议决定。
第二十二条 法律草案修改稿经各代表团审议,由法律委员会根据各代表团的审议意见进行修改,提出法律草案表决稿,由主席团提请大会全体会议表决,由全体代表的过半数通过。	第二十四条 法律草案修改稿经各代表团审议,由法律委员会根据各代表团的审议意见进行修改,提出法律草案表决稿,由主席团提请大会全体会议表决,由全体代表的过半数通过。
第二十三条 全国人民代表大会通过的法律由国家主席签署主席令予以公布。	第二十五条 全国人民代表大会通过的法律由国家主席签署主席令予以公布。

续表

修改前	修改后
第三节 全国人民代表大会常务委员会立法程序	第三节 全国人民代表大会常务委员会立法程序
第二十四条 委员长会议可以向常务委员会提出法律案,由常务委员会会议审议。 国务院、中央军事委员会、最高人民法院、最高人民检察院、全国人民代表大会各专门委员会,可以向常务委员会提出法律案,由委员长会议决定列入常务委员会会议议程,或者先交有关的专门委员会审议、提出报告,再决定列入常务委员会会议议程。如果委员长会议认为法律案有重大问题需要进一步研究,可以建议提案人修改完善后再向常务委员会提出。	第二十六条 委员长会议可以向常务委员会提出法律案,由常务委员会会议审议。 国务院、中央军事委员会、最高人民法院、最高人民检察院、全国人民代表大会各专门委员会,可以向常务委员会提出法律案,由委员长会议决定列入常务委员会会议议程,或者先交有关的专门委员会审议、提出报告,再决定列入常务委员会会议议程。如果委员长会议认为法律案有重大问题需要进一步研究,可以建议提案人修改完善后再向常务委员会提出。
第二十五条 常务委员会组成人员十人以上联名,可以向常务委员会提出法律案,由委员长会议决定是否列入常务委员会会议议程,或者先交有关的专门委员会审议、提出是否列入会议议程的意见,再决定是否列入常务委员会会议议程。不列入常务委员会会议议程的,应当向常务委员会会议报告或者向提案人说明。 专门委员会审议的时候,可以邀请提案人列席会议,发表意见。	第二十七条 常务委员会组成人员十人以上联名,可以向常务委员会提出法律案,由委员长会议决定是否列入常务委员会会议议程,或者先交有关的专门委员会审议、提出是否列入会议议程的意见,再决定是否列入常务委员会会议议程。不列入常务委员会会议议程的,应当向常务委员会会议报告或者向提案人说明。 专门委员会审议的时候,可以邀请提案人列席会议,发表意见。

续表

修改前	修改后
第二十六条　列入常务委员会会议程的法律案,除特殊情况外,应当在会议举行的七日前将法律草案发给常务委员会组成人员。	第二十八条　列入常务委员会会议议程的法律案,除特殊情况外,应当在会议举行的七日前将法律草案发给常务委员会组成人员。 　　**常务委员会会议审议法律案时,应当邀请有关的全国人民代表大会代表列席会议。**
第二十七条　列入常务委员会会议议程的法律案,一般应当经三次常务委员会会议审议后再交付表决。 　　常务委员会会议第一次审议法律案,在全体会议上听取提案人的说明,由分组会议进行初步审议。 　　常务委员会会议第二次审议法律案,在全体会议上听取法律委员会关于法律草案修改情况和主要问题的汇报,由分组会议进一步审议。 　　常务委员会会议第三次审议法律案,在全体会议上听取法律委员会关于法律草案审议结果的报告,由分组会议对法律草案修改稿进行审议。 　　常务委员会审议法律案时,根据需要,可以召开联组会议或者全体会议,对法律草案中的主要问题进行讨论。	第二十九条　列入常务委员会会议议程的法律案,一般应当经三次常务委员会会议审议后再交付表决。 　　常务委员会会议第一次审议法律案,在全体会议上听取提案人的说明,由分组会议进行初步审议。 　　常务委员会会议第二次审议法律案,在全体会议上听取法律委员会关于法律草案修改情况和主要问题的汇报,由分组会议进一步审议。 　　常务委员会会议第三次审议法律案,在全体会议上听取法律委员会关于法律草案审议结果的报告,由分组会议对法律草案修改稿进行审议。 　　常务委员会审议法律案时,根据需要,可以召开联组会议或者全体会议,对法律草案中的主要问题进行讨论。

续表

修改前	修改后
第二十八条 列入常务委员会会议议程的法律案,各方面意见比较一致的,可以经两次常务委员会会议审议后交付表决;部分修改的法律案,各方面的意见比较一致的,也可以经一次常务委员会会议审议即交付表决。	第三十条 列入常务委员会会议议程的法律案,各方面意见比较一致的,可以经两次常务委员会会议审议后交付表决;<u>调整事项较为单一或者</u>部分修改的法律案,各方面的意见比较一致的,也可以经一次常务委员会会议审议即交付表决。
第二十九条 常务委员会分组会议审议法律案时,提案人应当派人听取意见,回答询问。 常务委员会分组会议审议法律案时,根据小组的要求,有关机关、组织应当派人介绍情况。	第三十一条 常务委员会分组会议审议法律案时,提案人应当派人听取意见,回答询问。 常务委员会分组会议审议法律案时,根据小组的要求,有关机关、组织应当派人介绍情况。
第三十条 列入常务委员会会议议程的法律案,由有关的专门委员会进行审议,提出审议意见,印发常务委员会会议。 有关的专门委员会审议法律案时,可以邀请其他专门委员会的成员列席会议,发表意见。	第三十二条 列入常务委员会会议议程的法律案,由有关的专门委员会进行审议,提出审议意见,印发常务委员会会议。 有关的专门委员会审议法律案时,可以邀请其他专门委员会的成员列席会议,发表意见。

修改前	修改后
第三十一条 列入常务委员会会议议程的法律案,由法律委员会根据常务委员会组成人员、有关的专门委员会的审议意见和各方面提出的意见,对法律案进行统一审议,提出修改情况的汇报或者审议结果报告和法律草案修改稿,对重要的不同意见应当在汇报或者审议结果报告中予以说明。对有关的专门委员会的 重要 审议意见没有采纳的,应当向有关的专门委员会反馈。 法律委员会审议法律案时, 可以 邀请有关的专门委员会的成员列席会议,发表意见。	第三十三条 列入常务委员会会议议程的法律案,由法律委员会根据常务委员会组成人员、有关的专门委员会的审议意见和各方面提出的意见,对法律案进行统一审议,提出修改情况的汇报或者审议结果报告和法律草案修改稿,对重要的不同意见应当在汇报或者审议结果报告中予以说明。对有关的专门委员会的审议意见没有采纳的,应当向有关的专门委员会反馈。 法律委员会审议法律案时,<u>应当</u>邀请有关的专门委员会的成员列席会议,发表意见。
第三十二条 专门委员会审议法律案时,应当召开全体会议审议,根据需要,可以要求有关机关、组织派有关负责人说明情况。	第三十四条 专门委员会审议法律案时,应当召开全体会议审议,根据需要,可以要求有关机关、组织派有关负责人说明情况。
第三十三条 专门委员会之间对法律草案的重要问题意见不一致时,应当向委员长会议报告。	第三十五条 专门委员会之间对法律草案的重要问题意见不一致时,应当向委员长会议报告。

续表

修改前	修改后
第三十四条 列入常务委员会会议议程的法律案,法律委员会、有关的专门委员会和常务委员会工作机构应当听取各方面的意见。听取意见可以采取座谈会、论证会、听证会等多种形式。 常务委员会工作机构应当将法律草案发送<u>有关机关</u>、组织和专家征求意见<u>,将意见整理后送法律委员会和有关的专门委员会,并根据需要,印发常务委员会会议</u>。	第三十六条 列入常务委员会会议议程的法律案,法律委员会、有关的专门委员会和常务委员会工作机构应当听取各方面的意见。听取意见可以采取座谈会、论证会、听证会等多种形式。 <u>法律案有关问题专业性较强,需要进行可行性评价的,应当召开论证会,听取有关专家、部门和全国人民代表大会代表等方面的意见。论证情况应当向常务委员会报告。</u> <u>法律案有关问题存在重大意见分歧或者涉及利益关系重大调整,需要进行听证的,应当召开听证会,听取有关基层和群体代表、部门、人民团体、专家、全国人民代表大会代表和社会有关方面的意见。听证情况应当向常务委员会报告。</u> 常务委员会工作机构应当将法律草案发送<u>相关领域的全国人民代表大会代表、地方人民代表大会常务委员会以及有关部门</u>、组织和专家征求意见。
第三十五条 列入常务委员会会议议程的<u>重要的</u>法律案,<u>经委员长会议决定,可以</u>将法律草案公布,征求意见。<u>各机关、组织和公民提出的意见送常务委员会工作机构。</u>	第三十七条 列入常务委员会会议议程的法律案,<u>应当在常务委员会会议后将法律草案及其起草、修改的说明等向社会公布</u>,征求意见,<u>但是经委员长会议决定不公布的除外。向社会公布征求意见的时间一般不少于三十日。征求意见的情况应当向社会通报。</u>

续表

修改前	修改后
第三十六条 列入常务委员会会议议程的法律案,常务委员会工作机构应当收集整理分组审议的意见和各方面提出的意见以及其他有关资料,分送法律委员会和有关的专门委员会,并根据需要,印发常务委员会会议。	第三十八条 列入常务委员会会议议程的法律案,常务委员会工作机构应当收集整理分组审议的意见和各方面提出的意见以及其他有关资料,分送法律委员会和有关的专门委员会,并根据需要,印发常务委员会会议。
	第三十九条 拟提请常务委员会会议审议通过的法律案,在法律委员会提出审议结果报告前,常务委员会工作机构可以对法律草案中主要制度规范的可行性、法律出台时机、法律实施的社会效果和可能出现的问题等进行评估。评估情况由法律委员会在审议结果报告中予以说明。
第三十七条 列入常务委员会会议议程的法律案,在交付表决前,提案人要求撤回的,应当说明理由,经委员长会议同意,并向常务委员会报告,对该法律案的审议即行终止。	第四十条 列入常务委员会会议议程的法律案,在交付表决前,提案人要求撤回的,应当说明理由,经委员长会议同意,并向常务委员会报告,对该法律案的审议即行终止。
第三十八条 <u>法律案经常务委员会三次会议审议后,仍有重大问题需要进一步研究的,由委员长会议提出,经联组会议或者全体会议同意,可以暂不付表决,交法律委员会和有关的专门委员会进一步审议。</u>	

续表

修改前	修改后
第四十条　法律草案修改稿经常务委员会会议审议,由法律委员会根据常务委员会组成人员的审议意见进行修改,提出法律草案表决稿,由委员长会议提请常务委员会全体会议表决,由常务委员会全体组成人员的过半数通过。(注:依据修改后的内容顺序,故此条在原第三十九条之前。)	第四十一条　法律草案修改稿经常务委员会会议审议,由法律委员会根据常务委员会组成人员的审议意见进行修改,提出法律草案表决稿,由委员长会议提请常务委员会全体会议表决,由常务委员会全体组成人员的过半数通过。<u>法律草案表决稿交付常务委员会会议表决前,委员长会议根据常务委员会会议审议的情况,可以决定将个别意见分歧较大的重要条款提请常务委员会会议单独表决。</u><u>单独表决的条款经常务委员会会议表决后,委员长会议根据单独表决的情况,可以决定将法律草案表决稿交付表决,也可以决定暂不付表决,交法律委员会和有关的专门委员会进一步审议。</u>
第三十九条　列入常务委员会会议审议的法律案,因各方面对制定该法律的必要性、可行性等重大问题存在较大意见分歧搁置审议满两年的,或者因暂不付表决经过两年没有再次列入常务委员会会议议程审议的,由委员长会议向常务委员会报告,该法律案终止审议。	第四十二条　列入常务委员会会议审议的法律案,因各方面对制定该法律的必要性、可行性等重大问题存在较大意见分歧搁置审议满两年的,或者因暂不付表决经过两年没有再次列入常务委员会会议议程审议的,由委员长会议向常务委员会报告,该法律案终止审议。

续表

修改前	修改后
	第四十三条 对多部法律中涉及同类事项的个别条款进行修改,一并提出法律案的,经委员长会议决定,可以合并表决,也可以分别表决。
第四十一条 常务委员会通过的法律由国家主席签署主席令予以公布。	第四十四条 常务委员会通过的法律由国家主席签署主席令予以公布。
第四节 法律解释	第四节 法律解释
第四十二条 法律解释权属于全国人民代表大会常务委员会。 法律有以下情况之一的,由全国人民代表大会常务委员会解释: (一)法律的规定需要进一步明确具体含义的; (二)法律制定后出现新的情况,需要明确适用法律依据的。	第四十五条 法律解释权属于全国人民代表大会常务委员会。 法律有以下情况之一的,由全国人民代表大会常务委员会解释: (一)法律的规定需要进一步明确具体含义的; (二)法律制定后出现新的情况,需要明确适用法律依据的。
第四十三条 国务院、中央军事委员会、最高人民法院、最高人民检察院和全国人民代表大会各专门委员会以及省、自治区、直辖市的人民代表大会常务委员会可以向全国人民代表大会常务委员会提出法律解释要求。	第四十六条 国务院、中央军事委员会、最高人民法院、最高人民检察院和全国人民代表大会各专门委员会以及省、自治区、直辖市的人民代表大会常务委员会可以向全国人民代表大会常务委员会提出法律解释要求。

续表

修改前	修改后
第四十四条 常务委员会工作机构研究拟订法律解释草案,由委员长会议决定列入常务委员会会议议程。	**第四十七条** 常务委员会工作机构研究拟订法律解释草案,由委员长会议决定列入常务委员会会议议程。
第四十五条 法律解释草案经常务委员会会议审议,由法律委员会根据常务委员会组成人员的审议意见进行审议、修改,提出法律解释草案表决稿。	**第四十八条** 法律解释草案经常务委员会会议审议,由法律委员会根据常务委员会组成人员的审议意见进行审议、修改,提出法律解释草案表决稿。
第四十六条 法律解释草案表决稿由常务委员会全体组成人员的过半数通过,由常务委员会发布公告予以公布。	**第四十九条** 法律解释草案表决稿由常务委员会全体组成人员的过半数通过,由常务委员会发布公告予以公布。
第四十七条 全国人民代表大会常务委员会的法律解释同法律具有同等效力。	**第五十条** 全国人民代表大会常务委员会的法律解释同法律具有同等效力。
第五节 其他规定	第五节 其他规定
	第五十一条 <u>全国人民代表大会及其常务委员会加强对立法工作的组织协调,发挥在立法工作中的主导作用</u>。

续表

修改前	修改后
	第五十二条 全国人民代表大会常务委员会通过立法规划、年度立法计划等形式,加强对立法工作的统筹安排。编制立法规划和年度立法计划,应当认真研究代表议案和建议,广泛征集意见,科学论证评估,根据经济社会发展和民主法治建设的需要,确定立法项目,提高立法的及时性、针对性和系统性。立法规划和年度立法计划由委员长会议通过并向社会公布。 全国人民代表大会常务委员会工作机构负责编制立法规划和拟订年度立法计划,并按照全国人民代表大会常务委员会的要求,督促立法规划和年度立法计划的落实。
	第五十三条 全国人民代表大会有关的专门委员会、常务委员会工作机构应当提前参与有关方面的法律草案起草工作;综合性、全局性、基础性的重要法律草案,可以由有关的专门委员会或者常务委员会工作机构组织起草。 专业性较强的法律草案,可以吸收相关领域的专家参与起草工作,或者委托有关专家、教学科研单位、社会组织起草。

续表

修改前	修改后
第四十八条 提出法律案,应当同时提出法律草案文本及其说明,并提供必要的资料。法律草案的说明应当包括制定该法律的必要性和主要内容。	第五十四条 提出法律案,应当同时提出法律草案文本及其说明,并提供必要的参阅资料。修改法律的,还应当提交修改前后的对照文本。法律草案的说明应当包括制定或者修改法律的必要性、可行性和主要内容,以及起草过程中对重大分歧意见的协调处理情况。
第四十九条 向全国人民代表大会及其常务委员会提出的法律案,在列入会议议程前,提案人有权撤回。	第五十五条 向全国人民代表大会及其常务委员会提出的法律案,在列入会议议程前,提案人有权撤回。
第五十条 交付全国人民代表大会及其常务委员会全体会议表决未获通过的法律案,如果提案人认为必须制定该法律,可以按照法律规定的程序重新提出,由主席团、委员长会议决定是否列入会议议程;其中,未获得全国人民代表大会通过的法律案,应当提请全国人民代表大会审议决定。	第五十六条 交付全国人民代表大会及其常务委员会全体会议表决未获通过的法律案,如果提案人认为必须制定该法律,可以按照法律规定的程序重新提出,由主席团、委员长会议决定是否列入会议议程;其中,未获得全国人民代表大会通过的法律案,应当提请全国人民代表大会审议决定。
第五十一条 法律应当明确规定施行日期。	第五十七条 法律应当明确规定施行日期。

续表

修改前	修改后
第五十二条 签署公布法律的主席令载明该法律的制定机关、通过和施行日期。 法律签署公布后,及时在全国人民代表大会常务委员会公报和在全国范围内发行的报纸上刊登。 在常务委员会公报上刊登的法律文本为标准文本。	第五十八条 签署公布法律的主席令载明该法律的制定机关、通过和施行日期。 法律签署公布后,及时在全国人民代表大会常务委员会公报和<u>中国人大网以及</u>在全国范围内发行的报纸上刊载。 在常务委员会公报上刊登的法律文本为标准文本。
第五十三条 法律的修改和废止程序,适用本章的有关规定。 法律 部分条文 被修改 或者废止 的, 必须 公布新的法律文本。	第五十九条 法律的修改和废止程序,适用本章的有关规定。 法律被修改的,<u>应当公布新的法律文本。</u> <u>法律被废止的,除由其他法律规定废止该法律的以外,由国家主席签署主席令予以公布。</u>
	第六十条 法律草案与其他法律相关规定不一致的,提案人应当予以说明并提出处理意见,必要时应当同时提出修改或者废止其他法律相关规定的议案。 法律委员会和有关的专门委员会审议法律案时,认为需要修改或者废止其他法律相关规定的,应当提出处理意见。

续表

修改前	修改后
第五十四条 法律根据内容需要,可以分编、章、节、条、款、项、目。 编、章、节、条的序号用中文数字依次表述,款不编序号,项的序号用中文数字加括号依次表述,目的序号用阿拉伯数字依次表述。 法律标题的题注应当载明制定机关、通过日期。	第六十一条 法律根据内容需要,可以分编、章、节、条、款、项、目。 编、章、节、条的序号用中文数字依次表述,款不编序号,项的序号用中文数字加括号依次表述,目的序号用阿拉伯数字依次表述。 法律标题的题注应当载明制定机关、通过日期。<u>经过修改的法律,应当依次载明修改机关、修改日期。</u>
	<u>第六十二条 法律规定明确要求有关国家机关对专门事项作出配套的具体规定的,有关国家机关应当自法律施行之日起一年内作出规定,法律对配套的具体规定制定期限另有规定的,从其规定。有关国家机关未能在期限内作出配套的具体规定的,应当向全国人民代表大会常务委员会说明情况。</u>
	<u>第六十三条 全国人民代表大会有关的专门委员会、常务委员会工作机构可以组织对有关法律或者法律中有关规定进行立法后评估。评估情况应当向常务委员会报告。</u>
第五十五条 全国人民代表大会常务委员会工作机构可以对有关具体问题的法律询问进行研究予以答复,并报常务委员备案。	第六十四条 全国人民代表大会常务委员会工作机构可以对有关具体问题的法律询问进行研究予以答复,并报常务委员会备案。

续表

修改前	修改后
第三章 行政法规	第三章 行政法规
第五十六条 国务院根据宪法和法律,制定行政法规。 行政法规可以就下列事项作出规定: (一)为执行法律的规定需要制定行政法规的事项; (二)宪法第八十九条规定的国务院行政管理职权的事项。 应当由全国人民代表大会及其常务委员会制定法律的事项,国务院根据全国人民代表大会及其常务委员会的授权决定先制定的行政法规,经过实践检验,制定法律的条件成熟时,国务院应当及时提请全国人民代表大会及其常务委员会制定法律。	第六十五条 国务院根据宪法和法律,制定行政法规。 行政法规可以就下列事项作出规定: (一)为执行法律的规定需要制定行政法规的事项; (二)宪法第八十九条规定的国务院行政管理职权的事项。 应当由全国人民代表大会及其常务委员会制定法律的事项,国务院根据全国人民代表大会及其常务委员会的授权决定先制定的行政法规,经过实践检验,制定法律的条件成熟时,国务院应当及时提请全国人民代表大会及其常务委员会制定法律。
第五十七条 行政法规由国务院组织起草,国务院有关部门认为需要制定行政法规的,应当向国务院报请立项。(关于行政法规起草的相关内容调整至新法第67条并作了重新规定)	第六十六条 国务院法制机构应当根据国家总体工作部署拟订国务院年度立法计划,报国务院审批。国务院年度立法计划中的法律项目应当与全国人民代表大会常务委员会的立法规划和年度立法计划相衔接。国务院法制机构应当及时跟踪了解国务院各部门落实立法计划的情况,加强组织协调和督促指导。 国务院有关部门认为需要制定行政法规的,应当向国务院报请立项。

续表

修改前	修改后
第五十八条 行政法规在起草过程中,应当广泛听取有关机关、组织和公民的意见。听取意见可以采取座谈会、论证会、听证会等多种形式。	第六十七条 行政法规由国务院有关部门或者国务院法制机构具体负责起草,重要行政管理的法律、行政法规草案由国务院法制机构组织起草。行政法规在起草过程中,应当广泛听取有关机关、组织、人民代表大会代表和社会公众的意见。听取意见可以采取座谈会、论证会、听证会等多种形式。 行政法规草案应当向社会公布,征求意见,但是经国务院决定不公布的除外。
第五十九条 行政法规起草工作完成后,起草单位应当将草案及其说明、各方面对草案主要问题的不同意见和其他有关资料送国务院法制机构进行审查。 国务院法制机构应当向国务院提出审查报告和草案修改稿,审查报告应当对草案主要问题作出说明。	第六十八条 行政法规起草工作完成后,起草单位应当将草案及其说明、各方面对草案主要问题的不同意见和其他有关资料送国务院法制机构进行审查。 国务院法制机构应当向国务院提出审查报告和草案修改稿,审查报告应当对草案主要问题作出说明。
第六十条 行政法规的决定程序依照中华人民共和国国务院组织法的有关规定办理。	第六十九条 行政法规的决定程序依照中华人民共和国国务院组织法的有关规定办理。
第六十一条 行政法规由总理签署国务院令公布。	第七十条 行政法规由总理签署国务院令公布。 有关国防建设的行政法规,可以由国务院总理、中央军事委员会主席共同签署国务院、中央军事委员会令公布。

121

续表

修改前	修改后
第六十二条 行政法规签署公布后，及时在国务院公报和在全国范围内发行的报纸上 刊登 。 在国务院公报上刊登的行政法规文本为标准文本。	第七十一条 行政法规签署公布后，及时在国务院公报和**中国政府法制信息网以及**在全国范围内发行的报纸上**刊载**。 在国务院公报上刊登的行政法规文本为标准文本。
第四章 地方性法规、自治条例和单行条例、规章	第四章 地方性法规、自治条例和单行条例、规章
第一节 地方性法规、自治条例和单行条例	第一节 地方性法规、自治条例和单行条例
第六十三条 省、自治区、直辖市的人民代表大会及其常务委员会根据本行政区域的具体情况和实际需要，在不同宪法、法律、行政法规相抵触的前提下，可以制定地方性法规。 较大 的市的人民代表大会及其常务委员会根据本市的具体情况和实际需要，在不同宪法、法律、行政法规和本省、自治区的地方性法规相抵触的前提下，可以制定地方性法规，报省、自治区的人民代表大会常务委员会批准后施行。省、自治区的人民代表大会常务委员会对报请批准的地方性法规，应当对其合法性进行审查，同宪法、法律、行政法规和本省、自治区的地方性法规不抵触的，应当在四个月内予以批准。	第七十二条 省、自治区、直辖市的人民代表大会及其常务委员会根据本行政区域的具体情况和实际需要，在不同宪法、法律、行政法规相抵触的前提下，可以制定地方性法规。 **设区**的市的人民代表大会及其常务委员会根据本市的具体情况和实际需要，在不同宪法、法律、行政法规和本省、自治区的地方性法规相抵触的前提下，可以**对城乡建设与管理、环境保护、历史文化保护等方面的事项**制定地方性法规，**法律对设区的市制定地方性法规的事项另有规定的，从其规定。设区的市的地方性法规须**报省、自治区的人民代表大会常务委员会批准后施行。省、自治区的人民代表大会常务委员会对报请批准的地方

续表

修改前	修改后
省、自治区的人民代表大会常务委员会在对报请批准的 较大 的市的地方性法规进行审查时，发现其同本省、自治区的人民政府的规章相抵触的，应当作出处理决定。 本法所称较大的市是指省、自治区的人民政府所在地的市，经济特区所在地的市和经国务院批准的较大的市。	性法规，应当对其合法性进行审查，同宪法、法律、行政法规和本省、自治区的地方性法规不抵触的，应当在四个月内予以批准。 省、自治区的人民代表大会常务委员会在对报请批准的设区的市的地方性法规进行审查时，发现其同本省、自治区的人民政府的规章相抵触的，应当作出处理决定。 除省、自治区的人民政府所在地的市，经济特区所在地的市和国务院已经批准的较大的市以外，其他设区的市开始制定地方性法规的具体步骤和时间，由省、自治区的人民代表大会常务委员会综合考虑本省、自治区所辖的设区的市的人口数量、地域面积、经济社会发展情况以及立法需求、立法能力等因素确定，并报全国人民代表大会常务委员会和国务院备案。 自治州的人民代表大会及其常务委员会可以依照本条第二款规定行使设区的市制定地方性法规的职权。自治州开始制定地方性法规的具体步骤和时间，依照前款规定确定。 省、自治区的人民政府所在地的市，经济特区所在地的市和国务院已经批准的较大的市已经制定的地方性法规，涉及本条第二款规定事项范围以外的，继续有效。

续表

修改前	修改后
第六十四条 地方性法规可以就下列事项作出规定： （一）为执行法律、行政法规的规定，需要根据本行政区域的实际情况作具体规定的事项； （二）属于地方性事务需要制定地方性法规的事项。 除本法第八条规定的事项外，其他事项国家尚未制定法律或者行政法规的，省、自治区、直辖市和 <u>较大</u> 的市根据本地方的具体情况和实际需要，可以先制定地方性法规。在国家制定的法律或者行政法规生效后，地方性法规同法律或者行政法规相抵触的规定无效，制定机关应当及时予以修改或者废止。	第七十三条 地方性法规可以就下列事项作出规定： （一）为执行法律、行政法规的规定，需要根据本行政区域的实际情况作具体规定的事项； （二）属于地方性事务需要制定地方性法规的事项。 除本法第八条规定的事项外，其他事项国家尚未制定法律或者行政法规的，省、自治区、直辖市和<u>设区</u>的市、<u>自治州</u>根据本地方的具体情况和实际需要，可以先制定地方性法规。在国家制定的法律或者行政法规生效后，地方性法规同法律或者行政法规相抵触的规定无效，制定机关应当及时予以修改或者废止。 <u>设区的市、自治州根据本条第一款、第二款制定地方性法规，限于本法第七十二条第二款规定的事项。</u> <u>制定地方性法规，对上位法已经明确规定的内容，一般不作重复性规定。</u>
第六十五条 经济特区所在地的省、市的人民代表大会及其常务委员会根据全国人民代表大会的授权决定，制定法规，在经济特区范围内实施。	第七十四条 经济特区所在地的省、市的人民代表大会及其常务委员会根据全国人民代表大会的授权决定，制定法规，在经济特区范围内实施。

修改前	修改后
第六十六条 民族自治地方的人民代表大会有权依照当地民族的政治、经济和文化的特点,制定自治条例和单行条例。自治区的自治条例和单行条例,报全国人民代表大会常务委员会批准后生效。自治州、自治县的自治条例和单行条例,报省、自治区、直辖市的人民代表大会常务委员会批准后生效。 自治条例和单行条例可以依照当地民族的特点,对法律和行政法规的规定作出变通规定,但不得违背法律或者行政法规的基本原则,不得对宪法和民族区域自治法的规定以及其他有关法律、行政法规专门就民族自治地方所作的规定作出变通规定。	第七十五条 民族自治地方的人民代表大会有权依照当地民族的政治、经济和文化的特点,制定自治条例和单行条例。自治区的自治条例和单行条例,报全国人民代表大会常务委员会批准后生效。自治州、自治县的自治条例和单行条例,报省、自治区、直辖市的人民代表大会常务委员会批准后生效。 自治条例和单行条例可以依照当地民族的特点,对法律和行政法规的规定作出变通规定,但不得违背法律或者行政法规的基本原则,不得对宪法和民族区域自治法的规定以及其他有关法律、行政法规专门就民族自治地方所作的规定作出变通规定。
第六十七条 规定本行政区域特别重大事项的地方性法规,应当由人民代表大会通过。	第七十六条 规定本行政区域特别重大事项的地方性法规,应当由人民代表大会通过。
第六十八条 地方性法规案、自治条例和单行条例案的提出、审议和表决程序,根据中华人民共和国地方各级人民代表大会和地方各级人民政府组织法,参照本法第二章第二节、第三节、第五节的规定,由本级人民代表大会规定。 地方性法规草案由负责统一审议的机构提出审议结果的报告和草案修改稿。	第七十七条 地方性法规案、自治条例和单行条例案的提出、审议和表决程序,根据中华人民共和国地方各级人民代表大会和地方各级人民政府组织法,参照本法第二章第二节、第三节、第五节的规定,由本级人民代表大会规定。 地方性法规草案由负责统一审议的机构提出审议结果的报告和草案修改稿。

续表

修改前	修改后
第六十九条 省、自治区、直辖市的人民代表大会制定的地方性法规由大会主席团发布公告予以公布。 省、自治区、直辖市的人民代表大会常务委员会制定的地方性法规由常务委员会发布公告予以公布。 较大的市的人民代表大会及其常务委员会制定的地方性法规报经批准后，由较大的市的人民代表大会常务委员会发布公告予以公布。 自治条例和单行条例报经批准后，分别由自治区、自治州、自治县的人民代表大会常务委员会发布公告予以公布。	第七十八条 省、自治区、直辖市的人民代表大会制定的地方性法规由大会主席团发布公告予以公布。 省、自治区、直辖市的人民代表大会常务委员会制定的地方性法规由常务委员会发布公告予以公布。 设区的市、自治州的人民代表大会及其常务委员会制定的地方性法规报经批准后，由设区的市、自治州的人民代表大会常务委员会发布公告予以公布。 自治条例和单行条例报经批准后，分别由自治区、自治州、自治县的人民代表大会常务委员会发布公告予以公布。
第七十条 地方性法规、自治区的自治条例和单行条例公布后，及时在本级人民代表大会常务委员会公报和在本行政区域范围内发行的报纸上刊登。 在常务委员会公报上刊登的地方性法规、自治条例和单行条例文本为标准文本。	第七十九条 地方性法规、自治区的自治条例和单行条例公布后，及时在本级人民代表大会常务委员会公报和中国人大网、本地方人民代表大会网站以及在本行政区域范围内发行的报纸上刊载。 在常务委员会公报上刊登的地方性法规、自治条例和单行条例文本为标准文本。

续表

修改前	修改后
第二节 规 章	第二节 规 章
第七十一条 国务院各部、委员会、中国人民银行、审计署和具有行政管理职能的直属机构，可以根据法律和国务院的行政法规、决定、命令，在本部门的权限范围内，制定规章。 部门规章规定的事项应当属于执行法律或者国务院的行政法规、决定、命令的事项。	第八十条 国务院各部、委员会、中国人民银行、审计署和具有行政管理职能的直属机构，可以根据法律和国务院的行政法规、决定、命令，在本部门的权限范围内，制定规章。 部门规章规定的事项应当属于执行法律或者国务院的行政法规、决定、命令的事项。<u>没有法律或者国务院的行政法规、决定、命令的依据，部门规章不得设定减损公民、法人和其他组织权利或者增加其义务的规范，不得增加本部门的权力或者减少本部门的法定职责。</u>
第七十二条 涉及两个以上国务院部门职权范围的事项，应当提请国务院制定行政法规或者由国务院有关部门联合制定规章。	第八十一条 涉及两个以上国务院部门职权范围的事项，应当提请国务院制定行政法规或者由国务院有关部门联合制定规章。
第七十三条 省、自治区、直辖市和 较大的市 的人民政府，可以根据法律、行政法规和本省、自治区、直辖市的地方性法规，制定规章。 地方政府规章可以就下列事项作出规定：	第八十二条 省、自治区、直辖市和**设区的市、自治州**的人民政府，可以根据法律、行政法规和本省、自治区、直辖市的地方性法规，制定规章。 地方政府规章可以就下列事项作出规定： （一）为执行法律、行政法规、地方性法规的规定需要制定规章的事项；

续表

修改前	修改后
（一）为执行法律、行政法规、地方性法规的规定需要制定规章的事项； （二）属于本行政区域的具体行政管理事项。	（二）属于本行政区域的具体行政管理事项。 设区的市、自治州的人民政府根据本条第一款、第二款制定地方政府规章，限于城乡建设与管理、环境保护、历史文化保护等方面的事项。已经制定的地方政府规章，涉及上述事项范围以外的，继续有效。 除省、自治区的人民政府所在地的市，经济特区所在地的市和国务院已经批准的较大的市以外，其他设区的市、自治州的人民政府开始制定规章的时间，与本省、自治区人民代表大会常务委员会确定的本市、自治州开始制定地方性法规的时间同步。 应当制定地方性法规但条件尚不成熟的，因行政管理迫切需要，可以先制定地方政府规章。规章实施满两年需要继续实施规章所规定的行政措施的，应当提请本级人民代表大会或者其常务委员会制定地方性法规。 没有法律、行政法规、地方性法规的依据，地方政府规章不得设定减损公民、法人和其他组织权利或者增加其义务的规范。
第七十四条 国务院部门规章和地方政府规章的制定程序，参照本法第三章的规定，由国务院规定。	**第八十三条** 国务院部门规章和地方政府规章的制定程序，参照本法第三章的规定，由国务院规定。

续表

修改前	修改后
第七十五条 部门规章应当经部务会议或者委员会会议决定。 地方政府规章应当经政府常务会议或者全体会议决定。	第八十四条 部门规章应当经部务会议或者委员会会议决定。 地方政府规章应当经政府常务会议或者全体会议决定。
第七十六条 部门规章由部门首长签署命令予以公布。 地方政府规章由省长或者自治区主席或者市长签署命令予以公布。	第八十五条 部门规章由部门首长签署命令予以公布。 地方政府规章由省长、自治区主席、市长或者<u>自治州州长</u>签署命令予以公布。
第七十七条 部门规章签署公布后，及时在国务院公报或者部门公报和在全国范围内发行的报纸上 刊登 。 地方政府规章签署公布后，及时在本级人民政府公报和在本行政区域范围内发行的报纸上 刊登 。 在国务院公报或者部门公报和地方人民政府公报上刊登的规章文本为标准文本。	第八十六条 部门规章签署公布后，及时在国务院公报或者部门公报和<u>中国政府法制信息网以及</u>在全国范围内发行的报纸上<u>刊载</u>。 地方政府规章签署公布后，及时在本级人民政府公报和<u>中国政府法制信息网以及</u>在本行政区域范围内发行的报纸上<u>刊载</u>。 在国务院公报或者部门公报和地方人民政府公报上刊登的规章文本为标准文本。
第五章 适用与备案	第五章 适用与备案审查
第七十八条 宪法具有最高的法律效力，一切法律、行政法规、地方性法规、自治条例和单行条例、规章都不得同宪法相抵触。	第八十七条 宪法具有最高的法律效力，一切法律、行政法规、地方性法规、自治条例和单行条例、规章都不得同宪法相抵触。

续表

修改前	修改后
第七十九条 法律的效力高于行政法规、地方性法规、规章。 行政法规的效力高于地方性法规、规章。	**第八十八条** 法律的效力高于行政法规、地方性法规、规章。 行政法规的效力高于地方性法规、规章。
第八十条 地方性法规的效力高于本级和下级地方政府规章。 省、自治区的人民政府制定的规章的效力高于本行政区域内 较大的市 的人民政府制定的规章。	**第八十九条** 地方性法规的效力高于本级和下级地方政府规章。 省、自治区的人民政府制定的规章的效力高于本行政区域内**设区的市、自治州**的人民政府制定的规章。
第八十一条 自治条例和单行条例依法对法律、行政法规、地方性法规作变通规定的,在本自治地方适用自治条例和单行条例的规定。 经济特区法规根据授权对法律、行政法规、地方性法规作变通规定的,在本经济特区适用经济特区法规的规定。	**第九十条** 自治条例和单行条例依法对法律、行政法规、地方性法规作变通规定的,在本自治地方适用自治条例和单行条例的规定。 经济特区法规根据授权对法律、行政法规、地方性法规作变通规定的,在本经济特区适用经济特区法规的规定。
第八十二条 部门规章之间、部门规章与地方政府规章之间具有同等效力,在各自的权限范围内施行。	**第九十一条** 部门规章之间、部门规章与地方政府规章之间具有同等效力,在各自的权限范围内施行。
第八十三条 同一机关制定的法律、行政法规、地方性法规、自治条例和单行条例、规章,特别规定与一般规定不一致的,适用特别规定;新的规定与旧的规定不一致的,适用新的规定。	**第九十二条** 同一机关制定的法律、行政法规、地方性法规、自治条例和单行条例、规章,特别规定与一般规定不一致的,适用特别规定;新的规定与旧的规定不一致的,适用新的规定。

续表

修改前	修改后
第八十四条 法律、行政法规、地方性法规、自治条例和单行条例、规章不溯及既往,但为了更好地保护公民、法人和其他组织的权利和利益而作的特别规定除外。	第九十三条 法律、行政法规、地方性法规、自治条例和单行条例、规章不溯及既往,但为了更好地保护公民、法人和其他组织的权利和利益而作的特别规定除外。
第八十五条 法律之间对同一事项的新的一般规定与旧的特别规定不一致,不能确定如何适用时,由全国人民代表大会常务委员会裁决。	第九十四条 法律之间对同一事项的新的一般规定与旧的特别规定不一致,不能确定如何适用时,由全国人民代表大会常务委员会裁决。 **行政法规之间对同一事项的新的一般规定与旧的特别规定不一致,不能确定如何适用时,由国务院裁决。**
第八十六条 地方性法规、规章之间不一致时,由有关机关依照下列规定的权限作出裁决: (一)同一机关制定的新的一般规定与旧的特别规定不一致时,由制定机关裁决; (二)地方性法规与部门规章之间对同一事项的规定不一致,不能确定如何适用时,由国务院提出意见,国务院认为应当适用地方性法规的,应当决定在该地方适用地方性法规的规定;认为应当适用部	第九十五条 地方性法规、规章之间不一致时,由有关机关依照下列规定的权限作出裁决: (一)同一机关制定的新的一般规定与旧的特别规定不一致时,由制定机关裁决; (二)地方性法规与部门规章之间对同一事项的规定不一致,不能确定如何适用时,由国务院提出意见,国务院认为应当适用地方性法规的,应当决定在该地方适用地方性法规的规定;认为应当适用部门规章的,应当提请全国人民代表大会常务委员会裁决;

续表

修改前	修改后
门规章的,应当提请全国人民代表大会常务委员会裁决; (三)部门规章之间、部门规章与地方政府规章之间对同一事项的规定不一致时,由国务院裁决。 根据授权制定的法规与法律规定不一致,不能确定如何适用时,由全国人民代表大会常务委员会裁决。	(三)部门规章之间、部门规章与地方政府规章之间对同一事项的规定不一致时,由国务院裁决。 根据授权制定的法规与法律规定不一致,不能确定如何适用时,由全国人民代表大会常务委员会裁决。
第八十七条 法律、行政法规、地方性法规、自治条例和单行条例、规章有下列情形之一的,由有关机关依照本法第八十八条规定的权限予以改变或者撤销: (一)超越权限的; (二)下位法违反上位法规定的; (三)规章之间对同一事项的规定不一致,经裁决应当改变或者撤销一方的规定的; (四)规章的规定被认为不适当,应当予以改变或者撤销的; (五)违背法定程序的。	第九十六条 法律、行政法规、地方性法规、自治条例和单行条例、规章有下列情形之一的,由有关机关依照本法第九十七条规定的权限予以改变或者撤销: (一)超越权限的; (二)下位法违反上位法规定的; (三)规章之间对同一事项的规定不一致,经裁决应当改变或者撤销一方的规定的; (四)规章的规定被认为不适当,应当予以改变或者撤销的; (五)违背法定程序的。
第八十八条 改变或者撤销法律、行政法规、地方性法规、自治条例和单行条例、规章的权限是:	第九十七条 改变或者撤销法律、行政法规、地方性法规、自治条例和单行条例、规章的权限是:

续表

修改前	修改后
（一）全国人民代表大会有权改变或者撤销它的常务委员会制定的不适当的法律，有权撤销全国人民代表大会常务委员会批准的违背宪法和本法第 六十六 条第二款规定的自治条例和单行条例； （二）全国人民代表大会常务委员会有权撤销同宪法和法律相抵触的行政法规，有权撤销同宪法、法律和行政法规相抵触的地方性法规，有权撤销省、自治区、直辖市的人民代表大会常务委员会批准的违背宪法和本法第 六十六 条第二款规定的自治条例和单行条例； （三）国务院有权改变或者撤销不适当的部门规章和地方政府规章； （四）省、自治区、直辖市的人民代表大会有权改变或者撤销它的常务委员会制定的和批准的不适当的地方性法规； （五）地方人民代表大会常务委员会有权撤销本级人民政府制定的不适当的规章； （六）省、自治区的人民政府有权改变或者撤销下一级人民政府制定的不适当的规章； （七）授权机关有权撤销被授权机关制定的超越授权范围或者违背授权目的的法规，必要时可以撤销授权。	（一）全国人民代表大会有权改变或者撤销它的常务委员会制定的不适当的法律，有权撤销全国人民代表大会常务委员会批准的违背宪法和本法第 七十五 条第二款规定的自治条例和单行条例； （二）全国人民代表大会常务委员会有权撤销同宪法和法律相抵触的行政法规，有权撤销同宪法、法律和行政法规相抵触的地方性法规，有权撤销省、自治区、直辖市的人民代表大会常务委员会批准的违背宪法和本法第七十五条第二款规定的自治条例和单行条例； （三）国务院有权改变或者撤销不适当的部门规章和地方政府规章； （四）省、自治区、直辖市的人民代表大会有权改变或者撤销它的常务委员会制定的和批准的不适当的地方性法规； （五）地方人民代表大会常务委员会有权撤销本级人民政府制定的不适当的规章； （六）省、自治区的人民政府有权改变或者撤销下一级人民政府制定的不适当的规章； （七）授权机关有权撤销被授权机关制定的超越授权范围或者违背授权目的的法规，必要时可以撤销授权。

续表

修改前	修改后
第八十九条 行政法规、地方性法规、自治条例和单行条例、规章应当在公布后的三十日内依照下列规定报有关机关备案： （一）行政法规报全国人民代表大会常务委员会备案； （二）省、自治区、直辖市的人民代表大会及其常务委员会制定的地方性法规，报全国人民代表大会常务委员会和国务院备案；较大的市的人民代表大会及其常务委员会制定的地方性法规，由省、自治区的人民代表大会常务委员会报全国人民代表大会常务委员会和国务院备案； （三）自治州、自治县制定的自治条例和单行条例，由省、自治区、直辖市的人民代表大会常务委员会报全国人民代表大会常务委员会和国务院备案； （四）部门规章和地方政府规章报国务院备案；地方政府规章应当同时报本级人民代表大会常务委员会备案；较大的市的人民政府制定的规章应当同时报省、自治区的人民代表大会常务委员会和人民政府备案；	第九十八条 行政法规、地方性法规、自治条例和单行条例、规章应当在公布后的三十日内依照下列规定报有关机关备案： （一）行政法规报全国人民代表大会常务委员会备案； （二）省、自治区、直辖市的人民代表大会及其常务委员会制定的地方性法规，报全国人民代表大会常务委员会和国务院备案；设区的市、自治州的人民代表大会及其常务委员会制定的地方性法规，由省、自治区的人民代表大会常务委员会报全国人民代表大会常务委员会和国务院备案； （三）自治州、自治县的人民代表大会制定的自治条例和单行条例，由省、自治区、直辖市的人民代表大会常务委员会报全国人民代表大会常务委员会和国务院备案；自治条例、单行条例报送备案时，应当说明对法律、行政法规、地方性法规作出变通的情况； （四）部门规章和地方政府规章报国务院备案；地方政府规章应当同时报本级人民代表大会常务委员会备案；设区的市、自治州的人民政府制定的规章应当同时报省、自治区的人民代表大会常务委员会和人民政府备案；

续表

修改前	修改后
（五）根据授权制定的法规应当报授权决定规定的机关备案。	（五）根据授权制定的法规应当报授权决定规定的机关备案；<u>经济特区法规报送备案时，应当说明对法律、行政法规、地方性法规作出变通的情况</u>。
第九十条 国务院、中央军事委员会、最高人民法院、最高人民检察院和各省、自治区、直辖市的人民代表大会常务委员会认为行政法规、地方性法规、自治条例和单行条例同宪法或者法律相抵触的，可以向全国人民代表大会常务委员会书面提出进行审查的要求，由常务委员会工作机构分送有关的专门委员会进行审查、提出意见。 前款规定以外的其他国家机关和社会团体、企业事业组织以及公民认为行政法规、地方性法规、自治条例和单行条例同宪法或者法律相抵触的，可以向全国人民代表大会常务委员会书面提出进行审查的建议，由常务委员会工作机构进行研究，必要时，送有关的专门委员会进行审查、提出意见。	第九十九条 国务院、中央军事委员会、最高人民法院、最高人民检察院和各省、自治区、直辖市的人民代表大会常务委员会认为行政法规、地方性法规、自治条例和单行条例同宪法或者法律相抵触的，可以向全国人民代表大会常务委员会书面提出进行审查的要求，由常务委员会工作机构分送有关的专门委员会进行审查、提出意见。 前款规定以外的其他国家机关和社会团体、企业事业组织以及公民认为行政法规、地方性法规、自治条例和单行条例同宪法或者法律相抵触的，可以向全国人民代表大会常务委员会书面提出进行审查的建议，由常务委员会工作机构进行研究，必要时，送有关的专门委员会进行审查、提出意见。 <u>有关的专门委员会和常务委员会工作机构可以对报送备案的规范性文件进行主动审查。</u>

续表

修改前	修改后
第九十一条 全国人民代表大会专门委员会在审查中认为行政法规、地方性法规、自治条例和单行条例同宪法或者法律相抵触的,可以向制定机关提出书面审查意见;也可以由法律委员会与有关的专门委员会召开联合审查会议,要求制定机关到会说明情况,再向制定机关提出书面审查意见。制定机关应当在两个月内研究提出是否修改的意见,并向全国人民代表大会法律委员会和有关的专门委员会反馈。 全国人民代表大会法律委员会和有关的专门委员会审查认为行政法规、地方性法规、自治条例和单行条例同宪法或者法律相抵触而制定机关不予修改的,可以向委员长会议提出书面审查意见和予以撤销的议案,由委员长会议决定是否提请常务委员会会议审议决定。	第一百条 全国人民代表大会专门委员会、常务委员会工作机构在审查、研究中认为行政法规、地方性法规、自治条例和单行条例同宪法或者法律相抵触的,可以向制定机关提出书面审查意见、研究意见;也可以由法律委员会与有关的专门委员会、常务委员会工作机构召开联合审查会议,要求制定机关到会说明情况,再向制定机关提出书面审查意见。制定机关应当在两个月内研究提出是否修改的意见,并向全国人民代表大会法律委员会和有关的专门委员会或者常务委员会工作机构反馈。 全国人民代表大会法律委员会、有关的专门委员会、常务委员会工作机构根据前款规定,向制定机关提出审查意见、研究意见,制定机关按照所提意见对行政法规、地方性法规、自治条例和单行条例进行修改或者废止的,审查终止。 全国人民代表大会法律委员会、有关的专门委员会、常务委员会工作机构经审查、研究认为行政法规、地方性法规、自治条例和单行条例同宪法或者法律相抵触而制定机关不予修改的,应当向委员长会议提出予以撤销的议案、建议,由委员长会议决定提请常务委员会会议审议决定。

续表

修改前	修改后
	第一百零一条 全国人民代表大会有关的专门委员会和常务委员会工作机构应当按照规定要求,将审查、研究情况向提出审查建议的国家机关、社会团体、企业事业组织以及公民反馈,并可以向社会公开。
第九十二条 其他接受备案的机关对报送备案的地方性法规、自治条例和单行条例、规章的审查程序,按照维护法制统一的原则,由接受备案的机关规定。	第一百零二条 其他接受备案的机关对报送备案的地方性法规、自治条例和单行条例、规章的审查程序,按照维护法制统一的原则,由接受备案的机关规定。
第六章 附　则	第六章 附　则
第九十三条 中央军事委员会根据宪法和法律,制定军事法规。 中央军事委员会各总部、军兵种、军区,可以根据法律和中央军事委员会的军事法规、决定、命令,在其权限范围内,制定军事规章。 军事法规、军事规章在武装力量内部实施。 军事法规、军事规章的制定、修改和废止办法,由中央军事委员会依照本法规定的原则规定。	第一百零三条 中央军事委员会根据宪法和法律,制定军事法规。 中央军事委员会各总部、军兵种、军区、中国人民武装警察部队,可以根据法律和中央军事委员会的军事法规、决定、命令,在其权限范围内,制定军事规章。 军事法规、军事规章在武装力量内部实施。 军事法规、军事规章的制定、修改和废止办法,由中央军事委员会依照本法规定的原则规定。

续表

修改前	修改后
	第一百零四条 最高人民法院、最高人民检察院作出的属于审判、检察工作中具体应用法律的解释,应当主要针对具体的法律条文,并符合立法的目的、原则和原意。遇有本法第四十五条第二款规定情况的,应当向全国人民代表大会常务委员会提出法律解释的要求或者提出制定、修改有关法律的议案。 　　最高人民法院、最高人民检察院作出的属于审判、检察工作中具体应用法律的解释,应当自公布之日起三十日内报全国人民代表大会常务委员会备案。 　　最高人民法院、最高人民检察院以外的审判机关和检察机关,不得作出具体应用法律的解释。
第九十四条 本法自2000年7月1日起施行。	第一百零五条 本法自2000年7月1日起施行。

参考文献

一、著作类

[1] 杨临宏.立法学——原理、程序、制度与技术[M].北京：中国社会科学出版社,2020.

[2] 焦洪昌.宪法学[M].5版.北京：北京大学出版社,2013.

[3] 周旺生.立法学[M].2版.北京：法律出版社,2009.

[4] 刘小冰.国家紧急权力制度研究[M].北京：法律出版社,2008.

[5] 黄文艺.立法学[M].北京：高等教育出版社,2008.

[6] 汪全胜.制度设计与立法公正[M].济南：山东人民出版社,2005.

[7] 王名扬.美国行政法[M].北京：中国法制出版社,2005.

[8] 徐国栋.民法基本原则解释——以诚实信用原则的法理分析为中心[M].北京：中国政法大学出版社,2004.

[9] 章剑生.行政程序法基本理论[M].北京：法律出版社,2003.

[10] 刘莘.国内法律冲突及立法对策[M].北京：中国政法大学出版社,2003.

[11] 侯淑雯.立法制度与技术原理[M].北京：中国工商出版社,2003.

[12] 徐国栋.民法基本原则解释——成文法局限性之克服[M].北京：中国政法大学出版社,2001.

[13] 庞德.法的新路径[M].李立丰,译.北京：北京大学出版社,2016.

[14] 狄骥.公法的变迁[M].郑戈,译.北京：商务印书馆,2013.

[15] 黑格尔.法哲学原理[M].范扬,张企泰,译.北京：商务印书馆,1979.

[16] 德沃金.法律帝国[M].李常青,译.北京：中国大百科全书出版社,1996.

[17] 亚里士多德.政治学[M].吴寿彭,译.北京：商务印书馆,1983.

[18] 孟德斯鸠.论法的精神（上）[M].许明龙,译.北京：商务印书

馆,1982.

[19] 刘莘.立法法[M].北京:北京大学出版社,2008.

[20] 朱力宇,张曙光.立法学[M].2版.北京:中国人民大学出版社,2006.

[21] 周旺生.立法研究[M].北京:法律出版社,2001.

[22] 中国法学会宪法学研究会.中国宪法年刊[M].北京:法律出版社,2010.

二、期刊类

[1] 韩业斌.区域协同立法的合法性困境与出路——基于辅助性原则的视角分析[J].法学,2021(2):146-159.

[2] 郑文睿.立法后评估的体系化思考:解构与重构[J].江汉论坛,2019(8):131-137.

[3] 张淞.论地方性法规清理标准的构建[J].黑龙江生态工程职业学院学报,2020,33(6):70-72,84.

[4] 冉艳辉.省级人大常委会对设区的市地方性法规审批权的界限[J].法学,2020(4):77-89.

[5] 贺海仁.我国区域协同立法的实践样态及其法理思考[J].法律适用,2020(21):69-78.

[6] 樊安,樊文苑.地方性法规立法的理念更新与路径选择——以科学立法原则为指引[J].学术交流,2020(12):91-101.

[7] 韩璞庚,张颖聪.公共理性与民主刍议[J].学术界,2019(12):94-99.

[8] 刘小冰,张思循.地方立法权规定中"等"字的法律规范解读[J].江苏行政学院学报,2018(2):129-136.

[9] 周智博.国家机构改革视域下的法规清理:性质、功能与路径展开

[J].黑龙江省政法管理干部学院学报,2018(6):7-10.

[10] 苏玫霖.关于地方性法规清理的若干问题探讨——以S省为考察对象[J].甘肃广播电视大学学报,2018,28(4):58-61.

[11] 刘风景.需求驱动下的地方性法规清理机制[J].内蒙古社会科学(汉文版),2018,39(6):83-87.

[12] 杨维汉,陈菲.祁连山环境问题通报后,地方生态法规"大清理"[J].中国人大,2017(23):19.

[13] 刘卓.行政法规清理的功能分析——行政法规清理功能的障碍研究系列(一)[J].职工法律天地,2017(24):204.

[14] 李英.地方性法规从"有"转"优"的实施路径——地方人大委托第三方参与立法的实践考察[J].理论导刊,2016(11):12-16.

[15] 黄芸芸.地方性法规清理制度初探——以《广西壮族自治区河道采砂管理条例》为例[J].广西政法管理干部学院学报,2016,31(1):110-113.

[16] 黄锡生,谢玲.论环境标准制度中"日落条款"的设置[J].重庆大学学报(社会科学版),2016,22(1):152-158.

[17] 唐军.地方性法规清理的科学性与民主性分析——以广西壮族自治区地方性法规清理为例[J].法制与经济,2015(23):124-129.

[18] 刘莘,覃慧.论我国"法制统一"的保障体系——兼评修正后《立法法》的有关规定[J].江苏社会科学,2015(4):161-169.

[19] 赵立新.关于法规清理若干问题的探讨[J].人大研究,2013(6):41.

[20] 王娟.关于地方性法规清理的几点思考[J].上海人大月刊,2013(8):38-39.

[21] 刘芳.法规清理:定期审查制度的法经济学分析[J].广东广播电视大学学报,2013,22(5):49-53.

[22] 李玉.地方性法规清理制度的构建和完善——以上海市地方性法规中行政强制内容的清理为例[J].东南大学学报(哲学社会科学版),

2013,15(S1):101-105,118.

[23] 陈道英.全国人大常委会法规备案审查制度研究[J].政治与法律,2012(7):108-115.

[24] 徐昕.司法建议制度的改革与建议型司法的转型[J].学习与探索,2011(2):96-98.

[25] 万祥裕,谢章泸.试论地方性法规清理机制的构建[J].时代主人,2011(1):36-38.

[26] 沈志先."审判职能"的延伸与提升——关于上海法院司法建议制度运行现状的实证分析[J].法律适用,2011(11):113-117.

[27] 贾文彤,孙焕江,程君杰.我国体育法规清理问题研究[J].武汉体育学院学报,2011,45(2):11-16.

[28] 董礼洁,周欣.行政性司法建议的法定功能与事实功能[J].人民司法,2011(3):51-55.

[29] 丁冬.全国人大常委会执法检查的制度自省意义——以《食品安全法》执法检查为切入点[J].长白学刊,2011(6):67-72.

[30] 俞荣根,刘艺.地方性法规质量评估的理论意义与实践难题[J].华中科技大学学报(社会科学版),2010,24(3):71-78.

[31] 许玉镇,李晓明.论立法民主参与中公众代表的代表性——以行政立法中的行政相对方为例[J].社会科学战线,2010(7):179-184.

[32] 刘文学.地方性法规"体检"凸显开放品格[J].中国人大,2010(16):31-33.

[33] 杨斐.法律清理与法律修改、废止关系评析[J].太平洋学报,2009(8):25-30.

[34] 汪全胜.论立法的可操作性评估[J].山西大学学报(哲学社会科学版),2009,32(4):102-108.

[35] 汪全胜,金玄武.论立法后评估回应之法的废止[J].北京行政学院学报,2009(5):74-79.

[36] 李店标.论地方先行立法权[J].南华大学学报(社会科学版),2009,10(4):56-59.

[37] 雷斌.地方性法规清理制度初探[J].人大研究,2009(5):25-27.

[38] 阿计.下位法清理 完善法制从细节做起[J].公民导刊,2009(10):42-43.

[39] 刘铮.法治建设进程中的地方性法规再清理研究——侧重于浙江省的考察[J].安徽警官职业学院学报,2008,7(3):8-10.

[40] 周江评,孙明洁.城市规划和发展决策中的公众参与——西方有关文献及启示[J].国外城市规划,2005,20(4):41-48.

[41] 蔡定剑.法律冲突及其解决的途径[J].中国法学,1999(3):49-59.

[42] 顾小荔.谈谈法规清理[J].人大研究,1995(4):25-26.